Guía para el docente y solucionarios

Programación de sistemas informáticos

ic editorial

Editado por: IC Editorial
c/ Cueva de Viera, 2, Local 3
Centro Negocios CADI
29200 Antequera (Málaga)
Teléfono: 952 70 60 04
Fax: 952 84 55 03
Correo electrónico: iceditorial@iceditorial.com
Internet: www.iceditorial.com

Guía para el docente y solucionarios:
Programación de sistemas informáticos

1ª Edición

ISBN: 979-13-7027-063-6
Depósito Legal: MA 1783-2025

Impresión: PODiPrint
Impreso en Andalucía - España

Índice

Bloque 1
Guía para el docente: técnicas de enseñanza y aprendizaje

Contenido

1. Introducción

El presente capítulo está destinado a ofrecer al cuerpo docente responsable de la enseñanza del programa de cualificaciones profesionales y certificados de profesionalidad, una guía metodológica para obtener el máximo rendimiento de los contenidos formativos que han sido desarrollados para el presente título.

La mejora de las habilidades comunicativas y la aplicación de una metodología contrastada de enseñanza, aprendizaje y evaluación permitirá transmitir el conocimiento y adquirir el programa formativo de la forma más efectiva y práctica posible.

Estudiaremos cuáles son los principales elementos que forman parte de la comunicación profesor-alumno, a través de una cuidada selección de sistemas de planificación de estrategias didácticas, así como la utilización de medios y recursos didácticos.

La integración de todas las actividades planificadas alrededor de un plan de formación adaptado e individualizado, aumentará además la satisfacción del alumnado por la utilización de un sistema no lineal e interactivo que se retroalimenta gracias a la relación establecida entre la propia metodología y los actores que forman parte de la enseñanza.

2. El programa de formación

Una de las claves del éxito de la mayoría de las actividades que se realizan en general, y concretamente en la formación, es la **programación.** Es necesaria la programación de las acciones formativas, para que así se pueda alcanzar el objetivo final, es decir, que el alumno obtenga una buena capacitación y adquiera nuevos conocimientos en su repertorio y que, después, sea capaz de emplearlos en su trabajo.

2.1. Definición de programación

Cuando se habla de **programación,** se pueden encontrar multitud de definiciones. Para sintetizar, se podría definir como la actividad de enunciar lo que se quiere hacer (objetivos, contenidos, métodos, temporalización, medios y recursos didácticos y evaluación).

 Definición

Programación
Es un plan donde se establecen las acciones que se van a realizar en un proceso de enseñanza-aprendizaje, por medio de un formador o un equipo.

A continuación, se va a describir una serie de características que tiene que tener una programación didáctica:

- Dinámica. Una programación no es estática ni está acabada, siempre está en constante revisión, de ahí su dinamismo. Además va cambiando o evolucionando según los resultados de la evaluación continua que se va realizando durante la ejecución de la acción.
- Flexible. Esta característica permite que se puedan hacer cambios, ampliaciones, reducciones y actualizaciones de los contenidos y actividades programadas, según las necesidades que se observen.
- Creativa. La programación como es un diseño propio y exclusivo, exige creatividad y originalidad. El docente es el que decide sobre el quehacer en el aula teniendo en cuenta las características del grupo, las necesidades que se pretenden satisfacer y las propias posibilidades.
- Prospectiva. La programación consiste en hacer un pronóstico de la interacción que se va a producir en el aula.

- Sistemática. La programación es un proceso sistematizador que da coherencia a la acción formativa, ya que tiene en cuenta todos los elementos (objetivos, contenidos, métodos, temporalización, medios y recursos pedagógicos y evaluación) que intervienen en el acto educativo y analiza sus relaciones.
- Integradora. Permite integrar elementos de cualificación técnico-profesionales con elementos de cualificación personal de alumnado.
- Funcional. Toda programación debe basarse en el perfil profesional de la ocupación y estructurar los contenidos formativos que proporcionan las competencias de ésta.

2.2. Elementos de la programación

Antes de empezar cualquier programación formativa, es necesario tener en cuenta los datos obtenidos del análisis de la ocupación y del grupo al que se dirige la acción formativa. A partir de esta información, se determinan los elementos que van a conformar la programación.

Cuando se realiza la programación de un curso, hay que plantearse previamente las siguientes preguntas:

1. ¿Qué quiero conseguir con la formación?	**OBJETIVOS**
2. ¿Qué conocimientos deben asimilar los alumnos para alcanzar los objetivos propuestos?	**CONTENIDOS DEL CURSO**
3. ¿Cómo trabajamos en el aula? ¿Qué actividades son las que realizamos?	**MÉTODOS DE ENSEÑANZA**
4. ¿Cuánto tiempo tengo y cuánto dedico a cada módulo?	**TEMPORALIZACIÓN**
5. ¿Qué medios y recursos didácticos se necesitan para poder llevar a cabo esas actividades?	**MEDIOS Y RECURSOS DIDÁCTICOS**
6. ¿Cómo sabemos que se ha producido el aprendizaje?	**EVALUACIÓN**

3. Factores determinantes de la efectividad de la comunicación en el proceso de enseñanza-aprendizaje

En toda comunicación que se produzca en el proceso de enseñanza-aprendizaje, existen factores determinantes que obstaculizan o refuerzan este proceso.

3.1. Obstáculos de la comunicación

Relacionados con el emisor

- No expresar de forma clara qué mensaje se quiere transmitir.
- Comentar algo a lo largo de la explicación que no sea lo correcto y pueda resultar desagradable.
- Cambiar el tema de conversación.
- Desviarse del tema que se está tratando.
- No mirar al receptor cuando se quiere expresar algo.
- No estar atento a las señales que emite el receptor.
- Expresar alguna idea a través de los gestos que no se corresponda con la idea a comunicar.

Relacionados con el receptor

- No comprender las ideas que quiere expresar el emisor.
- No pedir explicación al emisor de aquella información que no le haya quedado clara.
- Interrumpir al emisor cuando está hablando.
- Captar algo diferente a lo que el emisor desea transmitir.

Relacionados con el mensaje

- Mensaje confuso.
- Mensaje muy corto.
- Mensaje muy extenso.
- Abuso de muletillas.
- Utilización de frases sin terminar.
- Dar "rodeos" para decir la idea principal.

Relacionados con el contexto

- No ser el momento adecuado para transmitir algo.
- No saber escoger el lugar oportuno.
- La presencia de ruidos y de interferencias.
- No pensar en las personas que están cerca.

Relacionados con el código

- No utilizar el mismo código que la persona con la que se habla o a la que se escucha.
- No adaptar el vocabulario a la situación o a la persona con la que se conversa.
- Utilizar el doble sentido.

3.2. Sugerencias para el mejor funcionamiento de la comunicación

Emisor

- Acostumbrarse a planificar la comunicación.
- Concretar visiblemente los objetivos.
- Buscar la retroalimentación en la comunicación.
- No tratar de impresionar al receptor.

Mensaje

- Que sea claramente entendido por el receptor.
- Que la terminología usada sea de referencia común.
- Que reclame la atención y el interés del alumnado.
- Que sea sencillo de interpretar.
- Que su contenido sea adecuado y convincente.
- Que produzca el máximo efecto posible.

Canal

- Que sea el más apropiado al grupo al que se dirige, al contenido del mensaje y al objetivo que persigue el formador.
- Que sea el que cause mayor impacto en el receptor.
- Que sea el más eficaz.
- Que sea el que mejor domine el formador.

4. La comunicación verbal y no verbal en el proceso instructivo

Los medios de comunicación pueden agruparse en dos grandes bloques: los **medios verbales,** que son aquellos que usan la lengua como código compartido; y los **medios no verbales,** que son los que se fundamentan en otros códigos simbólicos. A su vez, dentro de los medios verbales, están el medio escrito y el medio oral.

Cada uno de estos medios tiene sus ventajas y sus inconvenientes, por lo que la selección del medio deberá tener en cuenta las circunstancias y características que en cada caso presenta el comunicador, la audiencia y el mensaje que se ha de transmitir.

4.1. Los medios verbales

La comunicación verbal

La comunicación verbal se utiliza para comunicar ideas o dar información, opiniones, expresar o describir sentimientos, etc. Sirve de vehículo a los contenidos explícitos del mensaje. Para garantizar la efectividad de la comunicación, es necesario que el mensaje se presente de forma descriptiva y operativa, pero siempre teniendo muy en cuenta el código común del grupo al que va dirigida esta comunicación.

Un uso correcto del lenguaje oral ayuda a acercarse más a los alumnos. Los principales aspectos a considerar son los que aparecen a continuación.

Construcciones gramaticales

El objetivo será transmitir el mensaje de la manera más clara posible. Se deben evitar los giros rebuscados, la sintaxis complicada y las metáforas. En las explicaciones y conversaciones debe primar el contenido sobre la forma.

Vocabulario

Es importante saber qué palabras van a expresar mejor los conceptos que se desean transmitir y las que pueden ser comprendidas mejor por los alumnos. El análisis previo de los alumnos ayuda a saber qué términos técnicos se pueden utilizar sin problemas, cuáles se tienen que explicar y cuáles se deben evitar.

En general, siempre hay que mantenerse dentro de un lenguaje formal, evitando los vocablos demasiado coloquiales, las palabras extranjeras, las referencias académicas y expresiones de carácter religioso, político, deportivo o cultural, que pueden resultar agresivas para los alumnos.

Ejemplos

Los conceptos abstractos que pueden aparecer y que dificultan la adquisición de los contenidos, tienen que ser expresados mediante las explicaciones del formador, siempre apoyándose en la visualización.

La comunicación escrita

La comunicación escrita posee un carácter más veraz que la oral. La interacción que tiene lugar entre el emisor y el receptor no es inmediata, en algunas ocasiones no llega a producirse jamás. Este tipo de comunicación ofrece más oportunidades expresivas y mayor complejidad gramatical, sintáctica y léxica. También hay que tener en cuenta que a veces dificulta la expresión y/o puede no proporcionar *feedback* de manera inmediata.

4.2. Los medios no verbales

Al igual que las palabras, los elementos de la comunicación no verbal son signos que representan una idea (se excluyen todos los signos lingüísticos).

A diferencia de la comunicación verbal, su función no se centra sólo en la transmisión de contenido, sino que traspasa esa frontera para expresar también las emociones del emisor, controlar la interacción y proporcionar *feedback* del efecto que el mensaje produce en el receptor. Todas estas funciones son muy útiles para el formador, tanto en su tarea de transmisor de conocimientos como en la tarea de motivar y dirigir al grupo.

A continuación, se detallan las diferentes categorías en las que se agrupan los elementos de la comunicación no verbal.

Kinesia

Posturas

Una de las primeras cosas que el formador debe transmitir a sus alumnos es confianza y seguridad, lo que puede conseguirse a través de una postura erguida (sin llegar a ser arrogante), de pie, apoyándose sobre los dos pies y manteniendo la cabeza alta.

Esta postura es útil, especialmente durante la presentación del curso, porque ayuda a relajar el cuerpo, a facilitar la respiración y a controlar las muestras de nerviosismo, al tener un buen apoyo en el suelo.

A medida que avanza el curso, se pueden adoptar otras posturas que faciliten el descanso (apoyarse), el acercamiento (echar el cuerpo hacia delante) o que resten protagonismo (sentarse).

Gestos

Los gestos son un buen aliado del formador, excepto cuando éste se siente incómodo o nervioso. Gestos de carácter adaptador, como rascarse o colocarse la ropa, pueden delatar su estado emocional.

La mayoría de los gestos cumplen la función de reforzar el mensaje verbal (ilustradores), aunque existen otros cuya función es regular las intervenciones cuando se dirige una discusión de grupo.

Expresiones faciales

Las expresiones de la cara transmiten las emociones y permiten obtener fácilmente una respuesta del alumno.

Una expresión facial agradable, como una sonrisa no forzada, facilita la creación de un ambiente relajado en el aula. Una sonrisa puede ser muy útil también para romper la tensión que inevitablemente surge en algunas sesiones.

Mirada

La mirada, junto con la postura, es uno de los mejores métodos para transmitir confianza (en momentos de nerviosismo se tiende a apartar la vista) y para captar la atención de los alumnos.

Mientras el formador habla debe mantener la mirada sobre los alumnos la mayor parte del tiempo, mirándolos el tiempo suficiente como para que se sientan atendidos pero no incómodos. También se puede utilizar la mirada durante las discusiones de grupo, con una función reguladora de las distintas intervenciones.

Desplazamientos

Realizar desplazamientos en el aula capta la atención del alumnado, además de facilitar el contacto visual. Hay que procurar que no sean repetitivos o bruscos (pasear cerca de los alumnos), y cambiar de un recurso a otro (ir de la pizarra al retroproyector), etc.

Recuerde

Los recursos no verbales que estudia la Kinesia son:

▎ Posturas.
▎ Gestos.
▎ Expresiones faciales.
▎ Mirada.
▎ Desplazamientos.

Estos recursos pueden utilizarse tanto para reforzar lo que se expresa mediante la comunicación verbal como para sustituirlo.

Proxémica

El aspecto de la proxémica que más interesa es la proximidad física entre los individuos, ya que los alumnos pueden sentirse violentos si el formador se aproxima excesivamente a ellos o, por el contrario, verle distante si no se acerca.

Se debe prestar atención a este aspecto, tanto durante las intervenciones como al distribuir el espacio del aula que se va a emplear, evitando siempre que los asientos estén demasiado juntos o demasiado separados.

Paralingüística

Para captar la atención del público, los oradores suelen hacer uso de determinados aspectos como el tono de voz o las pausas, que en algunos casos pueden parecer exagerados.

El formador, aunque emplee el método de la lección magistral, no es un orador y, por tanto, no debe prestar especial atención a estos aspectos, excepto cuando le plantean algún problema, debido a la ansiedad, al cansancio o a un mal estado de salud. Practicar en voz alta y realizar grabaciones durante la fase de preparación puede ayudar a vencer estas dificultades.

Volumen

Aunque el aula sea pequeña, se tiene que realizar el esfuerzo de hablar lo suficientemente alto para que todos los alumnos oigan las explicaciones y, a la vez, transmitir confianza. En general, el volumen se ajustará instintivamente cuando se compruebe dónde se sitúa la persona que se encuentra más alejada.

Entonación

El problema más frecuente, especialmente si se está cansado, es la monotonía, que no contribuye a captar la atención ni a motivar a los alumnos.

El interés que el formador muestre por el tema y una correcta preparación le hará destacar los puntos clave y jugar con la entonación de una forma adecuada a lo largo de toda la exposición.

Pronunciación

Los problemas se presentan especialmente cuando se está nervioso o se habla demasiado rápido. Se debe hacer un esfuerzo por articular todas las palabras de manera limpia y clara, abriendo la boca lo suficiente para pronunciar correctamente las sílabas, consonantes y vocales.

Velocidad

Una velocidad correcta puede ayudar a resolver problemas de pronunciación y de entonación. Se debe hablar a una velocidad normal o algo superior, para facilitar el mantenimiento de la atención. No obstante, si se está nervioso, se puede hablar con mayor lentitud para facilitar la respiración y relajarse. También se debe reducir la velocidad cuando se expliquen conceptos técnicos complejos o cuando se espere alguna respuesta por parte de los alumnos.

Recuerde

Los elementos que trata la Paralingüística son:

I El volumen.
I La entonación.
I La pronunciación.
I La velocidad.

Proyección física

Existen determinados factores que, sin que la persona diga ni haga nada, transmiten información y hacen referencia a la imagen física que esta persona proyecta.

Es fundamental que el formador transmita una imagen positiva para los alumnos. Se debe cuidar el aspecto externo y los artefactos que se usen, como los adornos y prendas de vestir. La manera adecuada de vestir depende de la situación y siempre debe estar en consonancia con lo que cada colectivo de alumnos espera del formador.

Ejemplo

Sería negativo vestir pieles para impartir un curso cuyo objetivo fuese desarrollar actitudes positivas hacia la protección del medio ambiente.

En cualquier caso, se debe llevar ropa que resulte cómoda, bien cuidada y no demasiado llamativa. A los adornos y al peinado se aplican las mismas reglas que al vestido.

Importante

Un objetivo fundamental del formador es dirigir la atención de los alumnos hacia el contenido que está desarrollando, nunca hacia su persona.

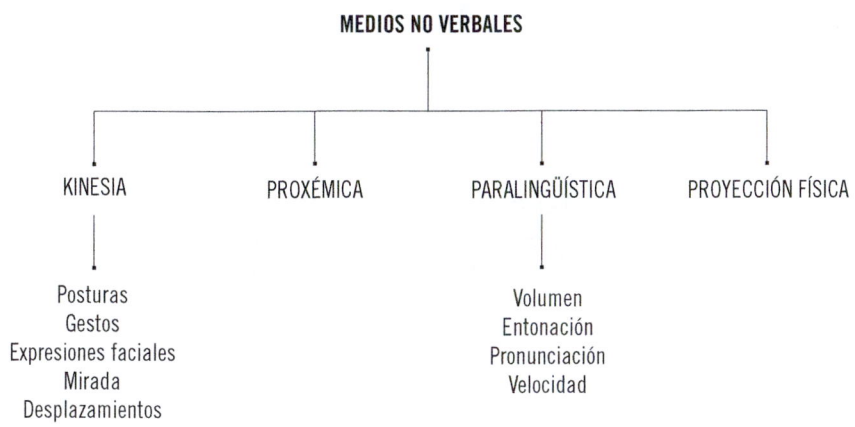

Finalmente, conviene recordar que si el formador observa atentamente la comunicación no verbal que expresan los alumnos, obtendrá una gran cantidad de información.

Hay numerosos signos no verbales que puede mostrar el alumno:

- **Atención:** posturas del cuerpo (inclinado hacia delante, hacia atrás...).
- **Necesidad de hablar:** movimientos sutiles de la boca, de la mano, etc.
- **Irritación:** movimiento de pies, manipulación de objetos sobre la mesa, etc.

- **Concentración:** tomar apuntes, mirar al docente, etc.
- **Cansancio:** cuerpo hundido, suspiros, etc.
- **Inercia:** silencios de todo el grupo, etc.
- **Desinterés:** cerrar el cuaderno, bostezar, mirar al vacío, etc.
- **Sorpresa:** levantar los brazos, abrir la boca, levantar las cejas, abrir los ojos, etc.

Si se observan estos elementos de forma atenta, se podrá obtener información sobre la comprensión del mensaje y el estado emocional de los alumnos, lo que será de gran utilidad para el formador durante el curso.

La comunicación no verbal aporta información al formador sobre los alumnos

5. Técnicas de secuenciación de contenidos

Una vez seleccionados los contenidos, hay que ordenarlos secuencialmente. La **secuenciación y estructuración de los contenidos** es el proceso que permite situarlos en una configuración que produce el máximo aprendizaje en el mínimo tiempo posible.

Algunas de las técnicas para la secuenciación de contenidos son las siguientes:

- Que los contenidos estén de acuerdo con los objetivos propuestos y con los plazos previstos para conseguirlos.

- Empezar por los contenidos más próximos y significativos para el alumno, para llegar poco a poco a lo desconocido. De esta manera, resultará más fácil introducir los nuevos contenidos.
- Ir de lo inmediato a lo remoto.
- Ir de lo concreto a lo abstracto.
- Ir de lo más fácil a lo más difícil. Esto motiva al alumnado porque le va mostrando los avances de manera rápida.

Las principales ventajas que este proceso conlleva son:

- Ayuda al participante a pasar de un conocimiento o habilidad a otro.
- Garantiza que los conocimientos y habilidades previas son alcanzados antes de introducir elementos nuevos.
- Reduce el tiempo de formación.
- Evita la confusión y los fallos en el participante.

Estos puntos son los principales aspectos a tener en cuenta cuando se realiza la presente fase de la programación de la formación, es decir, cuando se fijan los contenidos de la formación.

6. La selección y planificación de estrategias didácticas

Las personas que realizan un curso de formación son diversas, por ello es muy importante que las estrategias didácticas se adapten, de la mejor forma posible, al contexto y permitan una flexibilidad.

 Definición

Estrategias didácticas
Son procedimientos que el formador emplea para facilitar el aprendizaje, con la intención de que éste sea significativo.

Tras la selección y estructuración de contenidos, llega el momento de decidir la modalidad de formación a seguir y la metodología a utilizar en su impartición. Pero esta decisión no se puede tomar arbitrariamente, sino que ha de basarse en unos criterios. Los criterios de decisión básicos para determinar qué estrategia y qué método de formación es el adecuado, son:

- La compatibilidad con los objetivos.
- Los principios generales del aprendizaje del adulto: individualización, motivación, utilidad, practicidad, intereses, etc.
- Los principios de rigor, realismo y participación.
- El carácter eminentemente aplicativo de los aprendizajes.
- La posibilidad de transferir los aprendizajes al puesto de trabajo.
- Los recursos disponibles, incluido el tiempo.
- Los factores relacionados con los participantes, como el estilo de aprendizaje, la edad, el tamaño del grupo, la motivación, etc.

Una vez escogido el método, se observa que ninguno es químicamente puro, sino que unos participan de otros. Por lo demás, todo método puede ser adecuado o inadecuado dependiendo del modo en que sea empleado.

Los formadores deben utilizar los métodos flexiblemente, de la forma que mejor se adapten al estilo de formación, a la materia y a los alumnos, complementando cada método con la técnica y recurso didáctico más acorde.

7. La selección y planificación de medios y recursos didácticos

Para realizar cualquier acción formativa, hace falta algo más que elegir y aplicar unos métodos y unas técnicas. Son necesarios los medios y recursos didácticos, que van a ayudar a desarrollar la metodología seleccionada en el aula. Los medios y recursos didácticos permiten el trasvase de información formador-alumno.

Definición

Medios didácticos
Son materiales elaborados para facilitar los procesos de enseñanza-aprendizaje.

Recursos didácticos
Son soportes mediante los cuales se presentan los contenidos del curso a los alumnos.

A la hora de escoger el medio o recurso a utilizar, se deben tener en cuenta los siguientes criterios:

- **Características de la materia o tema.** Dependiendo de la naturaleza de los contenidos, éstos pueden ser transmitidos por unos u otros métodos.
- **Los objetivos del curso.** Toda selección de medios y estrategias de enseñanza deben realizarse en función de éstos.
- **La disposición del aula y el número de alumnos.** Hay que tener cuidado, sobre todo en la visibilidad de alguno de los recursos, porque pueden perder eficacia.
- **Tiempo disponible para la formación.** Este elemento tiene que estar siempre presente, porque, en función del tiempo que se tenga, se elegirá lo que se adapte mejor a las necesidades.
- **Recursos disponibles,** ya que en algunas ocasiones están a nuestro alcance.
- **El uso que se haga de ellos,** cuál es la finalidad, qué es lo que se pretende y en qué momento se van a utilizar.
- **El nivel de conocimiento de los alumnos** sobre el tema.

Todos estos puntos se han de tener en cuenta a la hora de escoger un medio o recurso didáctico. La finalidad de éstos no es otra que la de fundamentar, apoyar y reforzar el acto formativo.

8. La planificación de la evaluación del proceso de enseñanza-aprendizaje

La aplicación de programas de formación lleva a la obtención de unos determinados resultados. Éstos serán los frutos de la formación y mostrarán el grado de eficacia y eficiencia con que se lleva a cabo la función formativa.

Los resultados indican el éxito de la formación mediante su contraste con los objetivos fijados anteriormente. Este procedimiento recibe el nombre de **evaluación,** proceso ampliamente conocido y con trascendencia reconocida para la formación. Según el proceso de evaluación aplicado, los resultados obtenidos serán reales y fiables, o bien, falseados.

Para que los resultados de la evaluación muestren con certeza el grado de éxito alcanzado con la formación, es necesario un requisito previo: el establecimiento de criterios de evaluación durante el proceso de planificación de la formación. Los criterios actúan como puntos de referencia, a partir de los cuales se valoran los resultados obtenidos.

Los criterios de evaluación han de fijarse con mucha atención, ya que determinan el proceso de evaluación, y éste juzga el grado de éxito de la función formativa.

El primer aspecto a tener en cuenta es la validez: los criterios de evaluación han de ser válidos en relación a los elementos del proceso formativo.

Los aspectos que determinan el grado de validez de los criterios de evaluación son:

- La relevancia.
- La no deficiencia.
- La no contaminación.
- Su fiabilidad.

El establecimiento de criterios válidos y fiables permitirá elaborar un proceso de evaluación de la formación que mida rigurosamente la eficacia y la eficiencia de la función formativa.

9. El seguimiento formativo

El seguimiento es un proceso continuo que sirve para evaluar la eficacia del uso de los recursos y para saber qué iniciativas se pueden emprender para mejorar el aprovechamiento de los recursos formativos.

El seguimiento, además de realizarse después de haber finalizado la planificación formativa, también se realiza antes de la acción.

9.1. Características

El seguimiento formativo permite evaluar los distintos componentes (desde los alumnos hasta todos los elementos que forman la programación) que intervienen en él durante todo el proceso de formación.

El seguimiento formativo se diferencia de la evaluación en que éste tiene que ver más con tareas organizativas, de coordinación, administrativas, etc.; sin embargo, la evaluación valora aspectos de los procesos de formación, como pueden ser la comunicación, el aprendizaje de los nuevos conocimientos, etc.

Con la realización adecuada de un seguimiento formativo:

- Se pueden **descubrir errores o desajustes** en el proceso de enseñanza-aprendizaje antes de que se realice la evaluación final para comprobarlos.
- Se pueden **corregir los errores** en el momento en el que se están produciendo.
- Además, **se detectan los aspectos positivos** que tienen lugar a lo largo de todo el proceso y las **posibles mejoras** que se pueden realizar.

El seguimiento formativo tiene que ser realizado por todas las personas que están implicadas en la realización de los cursos de formación (tutores, coordinadores, técnicos, etc.), por ello, el formador es una figura importante en el proceso de formación, ya que se encuentra implicado en él.

El proceso de formación debe estar planificado, pensado y planteado antes de que empiece la acción de formación, nunca debe llevarse a cabo de manera cerrada, sino que tiene que estar abierto a cualquier cambio que se considere necesario.

9.2. Finalidad

Son varias las finalidades que persigue el seguimiento formativo:

- Ayudar a comprender por qué ocurren algunas cosas y qué se puede hacer para intervenir en ese proceso que se está llevando a cabo.
- Identificar y solucionar los problemas que surgen a lo largo del proceso.
- Contribuir para elaborar planes de formación de manera objetiva, sin desviarse de la finalidad éste.
- Colaborar en la disminución y control del uso de los recursos materiales.
- Determinar el nivel que puede alcanzar el rendimiento y relacionarlo con el rendimiento actual.
- Diagnosticar y detectar problemas para llevar a cabo las acciones correctivas pertinentes.

9.3. Planificación

El seguimiento formativo debe planificarse antes y durante la acción formativa.

El objetivo de este seguimiento es comprobar la eficacia de la acción formativa antes de que ésta llegue a su fin, es decir, es necesario que durante este proceso todos los elementos que van a formar parte del aprendizaje estén planificados.

Los dos momentos que hay que tener en cuenta para planificar el seguimiento formativo son:

- **Antes de la acción formativa:** es necesario conocer las necesidades, el perfil del alumno, qué materiales, instrumentos, recursos, medios didácticos se van a usar.

■ **Durante la acción formativa:** aquí el seguimiento se utiliza para comprobar los posibles errores y mejoras que se pueden llevar a cabo. Ofrece la posibilidad de poder modificar aquellas acciones o medios que dificultan el avance del aprendizaje.

10. Instrumentos para el seguimiento

A lo largo de un ciclo formativo pueden suceder errores y surgir problemas, esto abarca desde la identificación de necesidades hasta la planificación, el diseño, la implantación y la evaluación. Por todo esto, es importante saber cuál es la causa del problema y saber tomar las medidas oportunas para que no se origine nuevamente.

Para detectar el origen del problema, siempre se necesita una información determinada, ésta sólo se puede obtener mediante técnicas que ayuden a obtenerlas, es decir, que permitan recabar y analizar los datos obtenidos.

Para el seguimiento del proceso de enseñanza-aprendizaje, se pueden confeccionar diferentes tipos de instrumentos de evaluación, como pueden ser los cuestionarios y utilizar la observación directa, etc., si el tipo de formación lo permite (presencial o semipresencial). Estos instrumentos variarán según el tipo de datos que se quiera conseguir.

Un ejemplo de plantilla para recoger y analizar la información podría ser esta:

CURSO:		1º Módulo	2º Módulo	3ºMódulo
	Suficiente			
Objetivos del módulo	Insuficiente			
	Adecuado			
	Inadecuado			

Continúa en página siguiente >>

<< Viene de página anterior

CURSO:		1º Módulo	2º Módulo	3ºMódulo
Contenidos del módulo	Suficiente			
	Insuficiente			
	Adecuado			
	Inadecuado			
Metodología	Suficiente			
	Insuficiente			
	Adecuado			
	Inadecuado			
Actividades y recursos	Suficiente			
	Insuficiente			
	Adecuado			
	Inadecuado			
Recursos materiales	Suficiente			
	Insuficiente			
	Adecuado			
	Inadecuado			
Recursos humanos	Suficiente			
	Insuficiente			
	Adecuado			
	Inadecuado			
Proceso de evaluación	Suficiente			
	Insuficiente			
	Adecuado			
	Inadecuado			
Nivel de satisfacción del alumnado	Suficiente			
	Insuficiente			
	Adecuado			
	Inadecuado			

Para el seguimiento del aprendizaje, como la información que se obtiene es de diferente índole, se recogerá mediante la aplicación de las técnicas seleccionadas y elaboradas para la evaluación de cada uno de los aspectos planteados (observación directa de los trabajos, participación, cuestionarios acerca de la motivación y satisfacción del alumnado, etc.).

Por ejemplo, los contenidos que se podrían incluir en la "parrilla" de análisis son los siguientes:

CURSO		1er Módulo	2º Módulo	3er Módulo
Conceptos (comprende los contenidos conceptuales)	Con facilidad			
	Con normalidad			
	Con dificultad			
Procedimientos (aplica y desarrolla los contenidos procedimentales)	Con facilidad			
	Con normalidad			
	Con dificultad			
Actitudes (manifiesta las actitudes adecuadas a los contenidos)	Con facilidad			
	Con normalidad			
	Con dificultad			
Motivación y participación	Con facilidad			
	Con normalidad			
	Con dificultad			
Satisfacción del alumno	Con facilidad			
	Con normalidad			
	Con dificultad			

Dos de las herramientas básicas son:

- **Los diagramas de flujo:** éstos sirven para desglosar en forma de componentes, para presentar una clara imagen de lo que ocurre.
- **Los checklists:** éstos son especialmente útiles para garantizar que se han realizado todas las acciones necesarias. Es otro método de ayuda orientado a los formadores y participantes para preparar, utilizar y solucionar los problemas del equipamiento.

Otros métodos de seguimiento y control que pueden ayudar en la formación son:

- Las reuniones formales e informales.
- Pasar un informe de las sesiones, cuestionarios de satisfacción o formularios de evaluación del curso.
- Entrevistas de evaluación.

 Recuerde

Algunos de los instrumentos de seguimiento más utilizados son:

- Cuestionario de satisfacción
- Cuestionario de motivación
- Observación directa
- Reuniones formales e informales
- Entrevistas de evaluación

11. Metodología de la evaluación del diseño de formación

Los métodos empleados en la evaluación siempre suelen son los mismos, independientemente de que se evalúen los objetivos, los contenidos, los recursos, etc. A pesar de esto, hay que tener en cuenta que no se deben utilizar todos los métodos que se van a nombrar, sino que todo dependerá de lo que se esté evaluando.

Los métodos más frecuentes son:

- Observación sistemática.
- Observación mediante observadores externos o internos del grupo.
- Análisis de trabajo.
- Entrevistas personales.
- Situaciones de simulaciones.

- Diálogos, debates.
- Cuestionarios específicos.
- Inventarios.
- Grabaciones en vídeo.
- Etc.

11.1. Evaluación de los objetivos

Cuando se diseña el programa formativo, se deben concretar los objetivos que serán objeto de evaluación al finalizar el curso, para comprobar si éstos se han alcanzado o no.

Los objetivos marcan aquellos aspectos claves que debe adquirir el alumno para alcanzar unas competencias determinadas. Éstos determinarán lo que el alumno será capaz de saber y saber hacer al acabar el curso, en unas condiciones dadas y con unos medios determinados.

Si, al finalizar el curso, se observa que los objetivos no se han cumplido en su totalidad, hay que analizar cuál ha sido la causa de este error y corregirlos. Si se han cumplido los objetivos, habrá que determinar los motivos de éxito, para volver a ponerlos en práctica en futuros cursos.

Los objetivos marcados al inicio de la formación sirven para:

- Dirigir la formación, es decir, saber hacia dónde se quiere llegar con ésta.
- Comprobar qué se ha logrado.
- Facilitar la evaluación, ya que se sabe cuáles son los objetivos que hay que evaluar.
- Reorientar la formación en el mismo momento que se está realizando.
- Elegir los métodos más adecuados para la formación.

La evaluación de los objetivos debe medirse atendiendo a:

- **Objetivos generales:** son utilizados para saber cuáles son las competencias generales.
- **Objetivos específicos:** parten de los objetivos generales.

■ **Objetivos operativos:** son derivados de los específicos. Son objetivos más concretos y siempre deben estar relacionados con actividades u operaciones determinadas. Son los más fáciles de medir.

Ejemplo

Objetivos específicos para evaluar un curso de primeros auxilios:

I Aprender los conceptos básicos y generales de los primeros auxilios.
I Adquirir las habilidades y aplicar los principios de actuación para poder reaccionar adecuadamente en situaciones de urgencia.
I Conocer los aspectos jurídicos relacionados.

11.2. Evaluación de los contenidos

La evaluación de los contenidos se realizará para comprobar si los objetivos que se habían marcado al principio de la formación se han logrado, así como para eliminar aquellos contenidos que no aportan nada al curso.

Se debe tener siempre en cuenta que se puede lograr un mismo objetivo de formación utilizando diversos contenidos.

Para evaluar los contenidos, hay que comprobar si se ha seguido una secuencia lógica a la hora de impartirlos. Esta secuencia permite que los contenidos sean adquiridos por los alumnos de una manera más significativa, es decir, facilita el aprendizaje de los mismos.

Para que la evaluación de los contenidos resulte positiva, éstos deben ir expuestos:

■ De acuerdo con los objetivos propuestos y con los plazos previstos para conseguirlos.
■ De lo conocido a lo desconocido.

- De lo inmediato a lo remoto.
- De lo concreto a lo abstracto.
- De lo fácil a lo difícil.

Otro aspecto a tener en cuenta para que la evaluación de los contenidos sea positiva, es que éstos se deben estructurar adecuadamente, por ejemplo, mediante módulos, unidades didácticas, etc. Éstas tienen que abarcar los conocimientos, las habilidades y las actitudes que capacitan al alumno para poner en práctica las funciones que desempeñará en su puesto de trabajo. Por lo general, se pueden constituir equivalencias entre objetivos generales y cursos, objetivos específicos y módulos, unidades didácticas, etc. así como entre objetivos operativos y sesión formativa,.

 Ejemplo

Siguiendo el ejemplo anterior de primeros auxilios, los contenidos que se evaluarán para comprobar si se han logrado o no los objetivos anteriormente propuestos, son:

❘ Primeros auxilios: conceptos generales.
❘ Soporte vital básico (reanimación cardio-pulmonar)-adultos.
❘ Soporte vital básico-niños.
❘ Soporte vital instrumental.
❘ Traumatismos osteoarticulares. Inmovilizaciones (vendajes y férulas improvisadas).
❘ Movilización de urgencia y posiciones de espera.
❘ Traumatismos craneales y vertebro-medulares.
❘ Otras situaciones de emergencia.

11.3. Evaluación de la metodología

La evaluación de la metodología consiste en comprobar que los métodos que se han utilizado son los adecuados para lograr los objetivos formativos, aunque éstos deben ser flexibles a la hora de utilizarlos, ya que deben adaptarse a la materia tratada, a los alumnos, a los recursos disponibles, etc.

Para conseguir que la evaluación de la metodología sea positiva, se deben tener en cuenta las características que se emplean para definir un método. Éstas pueden ser:

- Presentar y mostrar la problemática del tema para que, a través de la reflexión y el esfuerzo, el alumno pueda resolverla.
- Respetar tanto la libertad de expresión como de creación.
- Las actividades que están destinadas al alumno tienen que ser dirigidas por el formador para que el alumno reflexione y participe.
- Motivar al alumno, relacionando los temas con sus intereses, motivaciones y necesidades.
- Organizar los nuevos aprendizajes para que se integren con los ya adquiridos.
- Tener en cuenta las limitaciones y las posibilidades que tiene cada alumno.
- Dar lugar a la acción individualizada a través de tareas que requieran planteamientos y acciones individualizadas.

11.4. Evaluación de actividades y recursos

Las **actividades** son unos elementos que acompañan a los contenidos formativos, ya que éstas refuerzan los contenidos que son expuestos por el formador. Siempre debe existir coordinación entre ambos, para esto se deben seleccionar adecuadamente tanto los métodos como las técnicas.

Para evaluar las diversas actividades que se han desarrollado, hay que formular una serie de preguntas para saber si las actividades han sido eficaces o han fallado en su ejecución. Algunas de estas preguntas pueden ser:

- ¿Qué ha hecho el alumno?
- ¿Ha sabido aplicar los conocimientos necesarios para lograr resolver las actividades?
- ¿Valora y comprende la finalidad de la actividad?
- ¿Ha mostrado interés en la realización de la misma?
- ¿Qué ha aprendido?
- ¿Han sido válidas las actividades?

- ¿Cuáles han fallado? ¿Por qué?
- ¿Se han alcanzado los objetivos?
- Etc.

Junto con las actividades, los recursos también tienen que ser evaluados, ya que de ellos va a depender en cierta manera la eficacia de las actividades. Por eso, en la evaluación de los recursos hay que tener en cuenta la eficacia de aquellos que se han utilizado y cuáles son los que se hubieran necesitado para desarrollar el curso.

Se pueden distinguir varios criterios para evaluar la eficacia de los recursos:

- Su calidad, porque actúa como mediador entre la realidad y la estructura cognitiva del alumno.
- El contexto metodológico, ya que todo va a depender de la metodología usada por el formador.
- Los propios alumnos, sus motivaciones, intereses, etc.
- La experiencia del formador en el manejo de los diversos recursos, sus habilidades, etc.

También es necesario tener en cuenta qué evaluar de los recursos:

- La rentabilidad de éstos.
- El aprovechamiento para distintas finalidades.
- El mantenimiento.
- La actualización, deben adaptarse a las nuevas tecnologías.
- La adecuación al proceso de enseñanza-aprendizaje.
- Posibilitar la acción, estimular y responder a las curiosidades presentes en el alumnado.

11.5. Evaluación del formador

La figura del formador es muy importante a lo largo de todo el proceso formativo, ya que, en cierta manera, el éxito o el fracaso de la formación recae sobre él, por lo tanto, es imprescindible conocer previamente a la persona que va a impartir un curso.

El formador es el mediador entre los contenidos y los alumnos, por lo que debe evaluarse de forma continua y a lo largo de todo el proceso de enseñanza-aprendizaje, así como al final del proceso, momento en que se comprobará si los métodos y estrategias que ha diseñado y utilizado han sido los adecuados, introduciendo posibles modificaciones para las prácticas futuras.

La evaluación del formador se puede realizar desde varias vertientes, en cada una de ellas se evalúan aspectos diferentes, pero todas persiguen el mismo fin, que es fomentar la calidad de la formación.

Evaluación realizada por los alumnos

Los alumnos pueden evaluar aspectos como la relación del formador con los alumnos, la organización de las sesiones, el control de clase, la efectividad de la enseñanza, etc.

En la siguiente tabla se muestra un cuestionario a modo de ejemplo:

Marque la opción que más se adecúe a las características que prevalecieron a lo largo del curso

1. Las oportunidades que tuve para realizar preguntas en clase fueron:
   a. Frecuentes
   b. Regulares
   c. Escasas
   d. Muy escasas

2. El interés que mostró el formador respecto a los alumnos fue:
   a. Satisfactorio
   b. Regular
   c. Poco
   d. Muy pobre

3. El clima existente en el aula fue:
   a. Bueno
   b. Regular
   c. Tenso
   d. Malo

Continúa en página siguiente >>

<< Viene de página anterior

Marque la opción que más se adecúe a las características que prevalecieron a lo largo del curso

4. En la prueba final se evaluaban los contenidos dados a lo largo del curso:
   a. Sí
   b. No

5. El material presentado en el curso fue:
   a. Original
   b. Poco original
   c. Nada original

6. Las actividades que realicé para asimilar los contenidos fueron:
   a. Útiles
   b. Regulares
   c. Pobres
   d. Inútiles

7. El contenido marcado para el curso se expuso en su totalidad:
   a. Sí
   b. No

8. El grupo de alumnos afectó a mi aprendizaje:
   a. De manera positiva
   b. De manera negativa
   c. No me afectó

9. El material audiovisual me pareció:
   a. Atractivo
   b. Regular
   c. Inadecuado

10. Los procesos, problemas y soluciones experimentados en el trabajo en grupo fueron:
    a. Bien planteados
    b. Regular planteados
    c. Mal planteados

11. Las exposiciones por parte del docente me parecieron:
    a. Buenas
    b. Regulares
    c. Malas

Continúa en página siguiente >>

<< Viene de página anterior

**Marque la opción que más se adecúe a las características
que prevalecieron a lo largo del curso**

---

12. La actuación del profesor durante el curso evidenció:
    a. Un elevado conocimiento de la materia
    b. Un mediano conocimiento
    c. Un escaso conocimiento

---

13. El profesor supo controlar las conductas perturbadoras sucedidas a lo largo
    del curso de forma:
    a. Eficaz
    b. Regular
    c. Ineficaz

---

14. El ritmo que siguió el profesor al exponer los contenidos me pareció:
    a. Muy bueno
    b. Satisfactorio
    c. Monótono

---

15. La secuencia de presentación de los contenidos del curso fue:
    a. Lógica
    b. Regular
    c. Arbitraria

---

16. La actuación del profesor despertó interés y motivación:
    a. Muchas veces
    b. Algunas veces
    c. Pocas veces
    d. Ninguna vez

Evaluación realizada por el propio formador

En esta evaluación, el formador va a evaluar la preparación del curso, el desarrollo del mismo, y también realizará una evaluación propia de su actuación como formador.

En la siguiente tabla se muestra un cuestionario a modo de ejemplo:

Marque la opción que más se adecúe a las características que prevalecieron a lo largo del curso

A. PREPARACIÓN DEL CURSO

1. ¿Cómo ha sido el tiempo con el que ha contado?
   - a. Suficiente
   - b. Insuficiente

¿Por qué? _____

2. ¿Cómo considera la distribución de las sesiones del curso?
   - a. Adecuadas
   - b. Inadecuadas

¿Por qué? _____

3. ¿Ha dispuesto de las guías didácticas del curso?
   - a. Sí
   - b. No

¿Por qué? _____

4. ¿Ha dispuesto de los recursos necesarios para la preparación de sus sesiones?
   - a. Sí
   - b. No

¿Cuáles le han hecho falta? _____

5. Teniendo en cuenta su nivel de formación, ¿ha necesitado apoyo por parte de la dirección del curso?
   - a. Sí
   - b. No

¿Cómo ha sido el apoyo? _____

B. DESARROLLO DEL CURSO

6. ¿El desarrollo de las sesiones (distribución y tiempo) se ha correspondido con la planificación prevista?
   - a. Sí
   - b. No

7. ¿La metodología utilizada para el desarrollo de las sesiones ha propiciado la participación e implicación del alumnado?
   - a. Sí
   - b. No

¿Por qué? _____

Continúa en página siguiente >>

<< Viene de página anterior

Marque la opción que más se adecúe a las características que prevalecieron a lo largo de curso

---

8. ¿Considera que el clima del curso ha sido el adecuado?
    a. Sí
    b. No

¿Por qué? _____

9. ¿El contexto donde se ha desarrollado el curso ha sido adecuado y oportuno?
    a. Sí
    b. No

¿Por qué? _____

10. ¿Ha conseguido los objetivos propuestos?
    a. Sí
    b. No

¿Por qué? _____

C. AUTOEVALUACIÓN

11. Evalúe de 1 a 4 los siguientes apartados relacionados con su intervención como formador, donde:

    1. Considero imprescindible mejorar mi formación en este aspecto.
    2. Considero necesario mejorar mi formación en este aspecto.
    3. Cuento con recursos necesarios para el desarrollo ajustado del curso, pero podría encontrar dificultades si éste cambia el rumbo prefijado.
    4. Mi formación al respecto es adecuada y dispongo de recursos suficientes para el desarrollo óptimo del curso.

	1	2	3	4
Dominio de los contenidos				
Metodología/didáctica empleada				
Comunicación con el alumnado				
Trabajo en equipo				

D. AMPLIACIÓN

Puede anotar a continuación cualquier aportación que desee realizar y no haya sido considerada en este cuestionario.

_____

_____

11.6. Tipos de evaluación

Existen diferentes tipos de evaluación, cada una se aplicará atendiendo a diferentes criterios.

Según su finalidad o función de la evaluación

Diagnóstica

Esta evaluación, como su nombre indica, tiene un carácter diagnóstico, ya que permite que se conozcan las potencialidades del alumno. De esta manera, la actividad didáctica se dirige de forma más efectiva.

Formativa

Se utiliza como estrategia para mejorar y ajustar los procesos formativos en el momento que se están llevando a cabo, para alcanzar las metas y los objetivos marcados. La evaluación formativa es aplicable a la evaluación de procesos.

Sumativa

Se aplica a la evaluación de productos terminados, es decir, se sitúa concretamente cuando finaliza un proceso, cuando éste se considera acabado. Su propósito es determinar el grado en que se han conseguido los objetivos establecidos, para evaluar de forma positiva o negativa el resultado. Esta evaluación permite tomar medidas tanto a medio como a largo plazo.

Según el momento de aplicación de la evaluación

Inicial

Se produce al principio del proceso de enseñanza-aprendizaje. La función que tiene la evaluación inicial es identificar el nivel de conocimientos que tienen los alumnos que inician un curso y, de esta manera, comprobar si los alumnos cuentan con los conocimientos necesarios para comenzarlo, y determinar si es posible impartirlo de acuerdo al programa formativo o si se requiere alguna modificación.

Procesual

La evaluación procesual se basa en valorar, de forma continua, el aprendizaje de los alumnos y la enseñanza del profesor, a través de la recogida sistemática de datos, toma de decisiones, etc.

La evaluación procesual es totalmente formativa, ya que, al favorecer la recogida continua de datos, permite tomar decisiones en el mismo momento que se considere necesario.

Los resultados que se obtienen forman la base permanente para el formador a la hora de programar las actividades diarias, así como para establecer las actividades y los procedimientos más apropiados. De esta manera, se evitan las dificultades que se puedan producir en los aprendizajes que se están llevando a cabo. La finalidad de todo esto es evitar errores y vacíos en los aprendizajes posteriores.

Final

La evaluación final es aquella que se realiza al finalizar la formación, por lo tanto ésta recoge y valora los resultados obtenidos a lo largo de un periodo formativo.

Según su extensión

Global

Tiene en cuenta todos los elementos y procesos que guardan relación con todo lo que es objeto de evaluación. Por ejemplo, si se trata de evaluar el proceso de aprendizaje de los alumnos, esta evaluación se centra en todas las áreas en general, pero sobre todo en los diversos tipos de contenidos de enseñanza (conceptos, procedimientos, valores, normas, etc.).

Parcial

Esta evaluación no se realiza de manera global, sino que se lleva a cabo por partes, es decir, evalúa los componentes que más interesan.

Según los agentes que realizan la evaluación

Autoevaluación o evaluación interna

Es el proceso sistemático mediante el cual una persona o grupo examina y valora sus procedimientos, comportamientos y resultados, para identificar qué quiere corregir o modificar en él. La evaluación interna muestra que los alumnos están más motivados a la hora de realizar una tarea difícil. La puesta en práctica de la autoevaluación no conlleva que el profesorado abandone sus funciones, sino que implica una concepción diferente de la enseñanza.

La autoevaluación ofrece al estudiante ayuda para descubrir sus necesidades, cantidad y calidad de su aprendizaje, causas de sus problemas, dificultades y éxitos en el estudio. De esta manera, el alumno puede conocerse de manera más concreta.

Heteroevaluación o evaluación externa

La evaluación externa es realizada o llevada a cabo por otra persona que no es el protagonista del aprendizaje. En esta evaluación, lo más frecuente es que el profesor evalúe al alumno.

TIPOS DE EVALUACIÓN	
Según su finalidad o función	- Diagnóstica - Formativa - Sumativa

Continúa en página siguiente >>

<< Viene de página anterior

TIPOS DE EVALUACIÓN

Según su momento de aplicación	- Inicial - Procesual - Final
Según su extensión	- Global - Parcial
Según los agentes que la realizan	- Autoevaluación o evaluación interna - Heteroevaluación o evaluación externa

Solucionarios de ejercicios de repaso y autoevaluación

Contenido

Solucionario 1
Gestión de servicios en el sistema informático

Solucionario Capítulo 1

1. **Indique qué normativa ISO se corresponde con las siguientes definiciones:**

   a. Estándar para la seguridad de la información (también se considera una guía de buenas prácticas) en la que se incluyen los distintos objetivos de control y controles recomendados para mantener un nivel de seguridad de la información óptimo.
   b. Manual de buenas prácticas que incluye fundamentalmente el vocabulario que se va a utilizar en las normas incluidas en toda la serie para una mayor comprensión de las mismas.
   c. Manual de buenas prácticas en el que se incluyen los requisitos necesarios de los sistemas de gestión de seguridad de la información.

   a. **ISO/IEC 27002.**
   b. **ISO 27000.**
   c. **ISO 27001.**

2. **¿Cuál de los siguientes puntos no forma parte de la norma ISO/IEC 27002?**

   a. Controles físicos.
   b. **Controles virtuales.**
   c. Controles tecnológicos.
   d. Controles de personas.

3. **Relacione las siguientes definiciones con los conceptos que se describen a continuación:**

   a. Cualquier sistema, servicio o infraestructura de procesamiento de la información o los lugares físicos que los alojan.
   b. Conjunto de acciones para gestionar los incidentes de seguridad de la información de forma coherente y eficaz.
   c. Compromiso de la seguridad de la información en una organización que ocasiona la destrucción, modificación, pérdida, accesos no deseados o, incluso, divulgación a información de carácter protegido.

   c. Brecha en la seguridad de la información.
   a. Instalación de tratamiento de la información.
   b. Gestión de incidentes de la seguridad de la información.

4. **La norma ISO/IEC 27002 clasifica los controles de seguridad en varias categorías. ¿Cuántas categorías son y qué nombre tienen?**

La norma ISO/IEC 27002 clasifica los controles en cuatro categorías:

- Controles organizativos.
- Controles de personas.
- Controles físicos.
- Controles tecnológicos.

5. **Complete la siguiente fase:**

Una **interrupción** es un evento esperado o inesperado que genera una desviación **negativa** y no planificada de la entrega programada de productos y servicios según los **objetivos** de una organización.

6. **El ciclo de vida del servicio está compuesto por una serie de fases. ¿Cuántas fases son y qué nombre tienen? Menciónelas por orden.**

El ciclo de vida del servicio está compuesto por cinco fases:

1. Estrategia del servicio.
2. Diseño del servicio.
3. Transición del servicio.
4. Operación del servicio.
5. Mejora continua del servicio.

7. **Indique a qué fase del ciclo de vida del servicio corresponde la siguiente definición: "Fase en la que se define el servicio que se va a prestar, la tipología de clientes a la que se va a destinar y en qué mercados se va a prestar".**

La definición se corresponde con la fase de estrategia del servicio.

8. **De la nueva LOPDGDD, ¿qué significan las siglas "GDD"?**

a. **Garantía de Derechos Digitales.**
b. Gestión Datos Directos.

c. Garantía de Derechos de Datos.
d. Todas las opciones son incorrectas.

9. **Según la LOPDGDD, ¿quién es el responsable del tratamiento?**

Toda persona física o jurídica, autoridad pública, servicio u otro organismo que decida sobre la finalidad, contenido y uso del tratamiento de los datos.

10. **Encuentre en la siguiente sopa de letras los derechos de las personas sobre sus datos personales reconocidos en la LOPDGDD.**

R	E	C	T	I	F	I	C	A	C	I	O	N
A	B	C	E	Z	I	O	L	C	Z	A	N	I
A	C	O	S	R	L	J	P	C	O	N	A	L
S	E	T	O	S	I	E	Y	E	S	R	T	A
U	S	A	C	I	M	I	A	S	O	N	A	R
P	O	P	O	S	I	C	I	O	N	A	R	T
R	U	E	R	A	T	I	C	O	L	A	E	M
E	P	O	R	T	A	B	I	L	I	D	A	D
S	A	L	U	R	C	O	R	E	A	S	T	E
I	C	A	S	C	I	O	N	A	R	E	A	R
O	H	C	U	L	O	R	Y	E	R	T	O	S
N	I	M	R	A	N	A	M	A	R	E	R	O

11. **Indique cuál de las opciones tiene un dato incorrecto (selección múltiple).**

a. Los soportes y documentos que contengan datos personales no deben estar identificados e inventariados.
b. Conservar los datos de acceso registrados durante, por lo menos, 10 años.
c. Registrar al menos algún procedimiento realizado de recuperación de datos en el registro de incidencias.

    d. Cada 2 años, el responsable del fichero debe verificar la correcta definición, funcionamiento y aplicación de los procedimientos de copias de seguridad y de recuperación de datos.

12. ¿Cuáles de las siguientes funciones son responsabilidad de la Agencia Española de Protección de Datos (AEPD)?

    a. Controlar a los agentes implicados en el tratamiento de los datos.
    b. Asesorar a otras instituciones y organismos sobre las medidas legislativas y administrativas.
    c. Velar por la publicidad de los datos.
    d. Ejercer la potestad sancionadora.

13. Complete la siguiente tabla de infracciones y sanciones que aplica la AEPD:

Tipo de infracción	Sanción	Prescripción
Leve	Igual o inferior a 40.000 €	Un año
Grave	Desde 40.001 a 300.000 €	Dos años
Muy grave	Superior a 300.001 €	Tres años

14. En la norma ISO/IEC 27002 hay un punto dedicado a los controles tecnológicos. De los siguientes controles, indique cuál de ellos no se corresponde con un control tecnológico.

    a. Gestión de privilegios de acceso.
    b. Acceso al código secundario.
    c. Autenticación segura.
    d. Controles contra el código malicioso.

15. Complete la siguiente frase sobre la autenticación segura:

La implementación de tecnologías y procedimientos de autenticación **segura** debería ser **personalizada** para cada sistema, considerando los niveles de **acceso** requeridos y las políticas de seguridad de la organización.

Solucionario Capítulo 2

1. **Indique qué parte de un proceso se corresponde con las siguientes definiciones:**

    a. Conjunto de objetivos que se lograrán una vez finalizado el proceso.
    b. Indicadores utilizados para comprobar el seguimiento de las actividades del proceso y ver si realmente se cumplen las directrices definidas.
    c. Recursos materiales e inmateriales necesarios para llevar a cabo el proceso.
    d. Conjunto de características definidas de antemano para llevar a cabo las actividades del proceso.

    a. **Salidas o** *outputs.*
    b. **Sistema de control.**
    c. **Recursos.**
    d. **Entradas o** *inputs.*

2. **Complete la siguiente tabla indicando si los recursos siguientes son materiales o inmateriales:**

Recurso	Material/Inmaterial
Instrucciones de trabajo	Inmaterial
Materias primas	Material
Maquinaria	Material
Definición de procedimientos	Inmaterial
Personal	Material
Herramientas	Material
Formación del personal	Inmaterial

3. **Relacione las siguientes definiciones referentes a los procesos de negocio:**

    a. Procesos de negocio que surgen a partir de las solicitudes del cliente externo; dan valor al cliente.
    b. Procesos de negocio que tienen que ver con la atención y apoyan al proceso sustantivo danto atención a sus clientes.

c. Procesos que dan orientación al negocio y que definen elementos impres-
cindibles como su visión, misión, competidores, etc.

d. Procesos que surgen por las solicitudes de los equipos de procesos
sustantivos. Algunos ejemplos son los apoyos informáticos o los apoyos
administrativos.

b. Procesos de apoyo vertical.

d. Procesos de apoyo horizontal.

a. Procesos sustantivos.

c. Procesos estratégicos.

4. **¿Cuál de los siguientes aspectos no se contempla en el enfoque de gestión por procesos?**

a. Identificación de los requisitos a cumplir.

b. Mejora continua del proceso antes de evaluar los indicadores.

c. Control y mejora de procesos clave.

d. Aplicación de la gestión de la calidad al proceso.

5. **Localice en la sopa de letras los estados (en español) en los que puede estar un
proceso electrónico.**

A	E	B	L	O	Q	U	E	A	D	O	S	S
B	J	A	I	C	A	R	Ñ	T	A	R	N	E
C	E	B	S	A	R	S	T	E	U	I	O	L
E	C	E	T	E	R	M	I	N	A	D	O	D
R	U	S	O	S	I	B	M	U	R	A	A	X
T	T	T	R	A	S	T	I	E	S	N	D	A
R	A	Z	R	T	E	A	N	V	D	E	A	N
A	N	N	A	D	A	R	T	O	Q	U	E	D
L	D	A	S	A	L	T	E	A	N	S	T	O
U	O	D	C	A	R	T	H	A	H	T	U	S

6. **Enumere y explique cuatro formas en las que puede terminarse un proceso electrónico.**

Un proceso, en el transcurso de su ciclo, puede terminar de cuatro formas distintas:

- Salida normal: cuando el proceso termina de modo voluntario.
- Salida por error: cuando el proceso debe salir porque los datos son insuficientes.
- Error fatal: cuando ocurre algún error en el programa.
- Eliminado por otro proceso: cuando se ejecutan otros procesos que se encargan de eliminar un proceso que se queda colgado.

7. **Complete la siguiente oración:**

Una **señal** es un mecanismo utilizado para notificar a los procesos los eventos que se producen en el sistema. El *kernel* o núcleo genera las señales para los procesos respondiendo a los distintos **eventos** que pueden ser causados por el propio proceso **receptor**, por otro proceso, por **interrupciones** o por acciones **externas.**

8. **Un proceso está preparado para ser ejecutado...**

    a. ... si está retenido por cualquier causa.
    b. **... si está esperando a ser asignado al procesador para ser ejecutado.**
    c. ... si está esperando a que ocurra un suceso determinado.
    d. Todas las opciones son correctas.

9. **Por definición, cada señal tiene asignada por defecto una acción que realizará el núcleo si el proceso no ha especificado alguna acción definitiva. ¿Cuál de las siguientes acciones no se asigna a una señal?**

    a. Abortar el proceso.
    b. Ignorar la señal.
    c. **Reiniciar el proceso.**
    d. Parar o suspender el proceso.

10. Cuando hay más de un proceso en estado "Listo", el *kernel* asigna el uso de la CPU al de mayor prioridad en ese momento. En caso de querer cambiar la prioridad de un proceso con *Linux*, ¿cuál de los siguientes comandos se utilizaría?

    a. Kill.
    b. Nice.
    c. Rename.
    d. Rekill.

11. ¿Cuáles son las actividades básicas que realiza un sistema de información? Enumérelas y descríbalas brevemente.

Un sistema de información realiza cuatro actividades básicas:

- Entrada de información: recoge los datos necesarios para procesar la información.
- Almacenamiento de información: proceso realizado por computadoras que suelen almacenar la información en estructuras de información.
- Procesamiento de información: transforma la información almacenada para que pueda utilizarse en la toma de decisiones de una organización.
- Salida de información: el SI saca la información procesada al exterior.

12. Sitúe en las casillas de la tabla los siguientes sistemas de información atendiendo al nivel de negocio al que pertenecen:

    a. SI de Apoyo a Ejecutivos.
    b. SI de Información Gerencial.
    c. SI de Oficina.
    d. SI de Apoyo a la toma de decisiones.
    e. SI de Procesamiento de transacciones.
    f. SI de Trabajo de Conocimiento.

Niveles de la organización	Tipos de sistemas de información
Nivel estratégico	SI de Apoyo a Ejecutivos (ESS)
Nivel administrativo	SI de Apoyo a la Toma de Decisiones (DSS)
	SI de Información Gerencial (MIS)
Nivel de conocimiento	SI de Trabajo de Conocimiento (KWS)
	SI de Oficina
Nivel operativo	SI de Procesamiento de Transacciones (TPS)

13. **En referencia a la monitorización de los sistemas operativos, relacione las siguientes definiciones con los conceptos que se describen a continuación:**

    a. Indicador que mide el porcentaje de un componente o servicio que se utiliza realmente.
    b. Cantidad de trabajo capaz de ser procesada por unidad de tiempo.
    c. Indicador que mide el tiempo transcurrido entre la realización de una petición y la visualización de los resultados.
    d. Indicador resultante del cociente entre rendimiento y utilización.

    b. Rendimiento.
    a. Utilización.
    d. Eficiencia.
    c. Latencia.

14. **¿Para qué sirve la herramienta *Process Monitor* de *Windows?* Indique cuáles son sus principales características.**

La herramienta *Process Monitor* sirve para monitorizar los procesos y servicios en *Windows.* Su funcionalidad principal consiste en proporcionar la capacidad de monitorizar en tiempo real y de forma avanzada los procesos que afectan al sistema y al registro.

Sus principales características son las siguientes:

▌ Supervisión avanzada en tiempo real de los procesos y de la actividad asociada al sistema de archivos.
▌ Posibilidad de establecer filtros no destructivos.

I Monitorización de propiedades de eventos.
I Ofrece información completa y detallada de todos los procesos a nivel de pila.

15. **Indique a qué fase de gestión de incidencias de un administrador corresponden las siguientes acciones:**

    a. El administrador debe identificar qué agente está ocasionando el mal funcionamiento del sistema y por qué lo está sobrecargando.

    b. El administrador debe tomar las medidas necesarias para que el sistema se restaure en el punto justo anterior de la incidencia.

    c. El administrador debe consultar la información facilitada por las herramientas de monitorización para identificar aquellos procesos, aplicaciones, usuarios o dispositivos que pueden estar causando un mal funcionamiento del sistema.

    a. **Fase de detección.**
    b. **Fase de resolución.**
    c. **Fase de diagnóstico.**

 Solucionario Capítulo 3

1. **Complete la siguiente tabla, indicando si los siguientes dispositivos de almacenamiento son ópticos, magnéticos o electrónicos:**

Dispositivo de almacenamiento	Dispositivo de almacenamiento óptico/magnético/electrónico
Disco duro	**Magnético**
Pendrive	**Electrónico**
Flash cards	**Electrónico**
Discos duros SDD	**Electrónico**
Discos duros extraíbles	**Magnético**
Blu Ray	**Óptico**

2. **Complete la siguiente oración:**

El sistema de archivos (en inglés, *filesystem)* es la forma en la que el sistema operativo organiza la **información** dentro de una memoria externa o **secundaria** para su grabación y posterior recuperación. Cada sistema operativo maneja su propio y único sistema de **archivos.**

3. **Indique a qué tipo de sistema de archivos corresponde cada una de las siguientes definiciones:**

   a. Sistemas de archivos que acceden a sus archivos a través de una red.
   b. Sistemas de archivos diseñados para almacenar archivos en una unidad de disco, que puede estar conectada directa o indirectamente en la computadora.
   c. Aquellos sistemas de archivos que no son ni de disco ni de red.

   a. **Sistemas de archivos de red.**
   b. **Sistemas de archivos de disco.**
   c. **Sistemas de archivos de propósito especial.**

4. **Divida la estructura de la ruta que se muestra a continuación e indique a qué corresponde cada una de las partes. Se trata de una ruta en un sistema de archivos en *Windows*.**

   "F:\Documents and Settings\Mario\Imagenes\manzana.jpg"

   ▪ "F:". Unidad de almacenamiento en la que se encuentra el archivo.
   ▪ "\Documents and Settings\Mario\Imagenes\". Es la ruta del archivo.
   ▪ "manzana.jpg". Es el nombre del archivo.

5. **¿Cuál de los siguientes atributos no es propio de un sistema de archivos?**

   a. Capacidad de enlaces simbólicos.
   b. Abstracción.
   c. **Capacidad de enlaces blandos.**
   d. Seguridad o permisos.

6. **¿Qué es el *journaling*? ¿Para qué se utiliza?**

   El *journaling*, también conocido como "registro por diario", es un mecanismo por el que un sistema informático puede implementar transacciones. Consiste en la capacidad de almacenar la información necesaria para restablecer los datos afectados por la transacción si ocurre cualquier tipo de fallo. La funcionalidad principal del *journaling* consiste en mantener la integridad del sistema de archivos.

7. Complete la siguiente tabla de tipos de sistemas de archivos, indicando si son soportados por *Windows, Linux* o ambos y si tienen la capacidad de *journaling*:

Sistema de archivos	Soportado por *Windows/Linux*	Capacidad de *journaling*
FAT 32	*Windows*	No
EXT2	*Linux y Windows*	No
NTFS	*Windows*	Sí
FAT16	*Windows*	No
REISER4	*Linux*	Sí
ZFS	*Linux*	No
EXT4	*Linux*	Sí

8. ¿Qué es un archivo de datos? ¿En qué se expresa su tamaño?

Un archivo es la estructura bajo la cual se guarda la información en disco. Por definición, es un conjunto organizado y con nombre de información estructurada almacenada en un soporte no volátil. El tamaño de un archivo de datos se expresa en bytes (1 *byte* = 8 bits).

9. Relacione las siguientes definiciones con los tipos de archivos mencionados a continuación:

    a. Archivos que utilizan caracteres como unidad básica de información.
    b. Archivos compuestos por registros fijos con formato definido.
    c. Archivos en los que todos sus registros son del mismo tipo.
    d. Ficheros que contienen información prácticamente permanente e inalterable en el tiempo.

    <u>c.</u> Archivos homogéneos.
    <u>a.</u> Archivos textuales.
    <u>b.</u> Archivos de longitud fija.
    <u>d.</u> Archivos constantes.

10. Indique a qué tipo de registro lógico corresponde cada una de las siguientes definiciones:

    a. Registros que ocupan el mismo espacio en disco, independientemente de la cantidad de información que contengan.

    b. Cada registro puede ser de longitud distinta (la longitud es imposible de determinar).

    c. Cada registro puede ser de distinta longitud pero habiendo un máximo y un mínimo. Todos los registros tienen reservado el mismo espacio en memoria para sus campos.

    a. Registros de longitud física.

    b. Registros de longitud indefinida.

    c. Registros de longitud variable.

11. **¿Qué relación hay entre un archivo, un campo y un registro? Refléjelo en un esquema.**

Un archivo está formado por una colección de registros y un registro está formado por un conjunto de campos. Estos están relacionados jerárquicamente según el siguiente esquema:

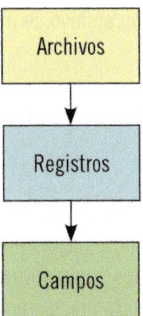

12. **¿Cuál de las siguientes propiedades no corresponde a las características de los campos?**

    a. Tipo.

    b. Longitud.

    c. Tamaño.

    d. Nombre.

13. Relacione las siguientes definiciones correspondientes a tipos de organizaciones de estructuras de archivos con los conceptos descritos a continuación:

    a. Organización en la que los datos se colocan y se acceden aleatoriamente mediante su posición, indicando el lugar relativo que ocupan dentro del conjunto de posiciones posibles.
    b. Organización en la que los datos se recolectan en el orden en el que llegan. El propósito principal es acumular una masa de datos y guardarla. No hay estructura definida y el acceso a los registros se realiza por búsqueda exhaustiva, lo que implica una gran pérdida de tiempo.
    c. Organización que utiliza un solo índice, que proporciona una capacidad de búsqueda para llegar rápidamente a las proximidades de un registro deseado.

    c. Organización secuencial indexada.
    a. Organización directa.
    b. Organización de pila.

14. Para elegir el sistema de almacenamiento adecuado hay que tener en cuenta una serie de factores. Indique cuáles de los siguientes conceptos se corresponden con estos factores:

    a. **Rendimiento.**
    b. **Privacidad de la información.**
    c. Tratamiento de la información.
    d. **Accesibilidad.**

15. Complete la siguiente frase:

    Para particionar y formatear un disco duro no hace falta ningún programa que no esté en el **sistema operativo,** con el que se quiera trabajar. Aunque no es obligatorio crear particiones, es recomendable por razones de **seguridad** ya que se crean unidades **independientes** y si hay que formatear alguna de ellas por cualquier motivo, los archivos de las demás unidades permanecerán **intactos.**

Solucionario Capítulo 4

1. **Indique a qué se refieren los siguientes conceptos básicos de métricas e indicadores:**

   a. Número o símbolo que proporciona una indicación cuantitativa de cantidad, dimensiones, capacidad, tamaño y extensión de algunos de los atributos de una entidad o proceso.
   b. Proceso en el que se asignan números a atributos o entidades en el mundo real tal como son definidos de acuerdo con las reglas claramente definidas.
   c. Conjunto de indicadores utilizados para resumir el desempeño de un sistema.

   a. Medida.
   b. Indicador.
   c. Cuadro de mandos.

2. **¿Qué diferencia hay entre las medidas cualitativas ordinales y las cualitativas nominales?**

   Las medidas cualitativas ordinales pueden tomar varios valores ordenados siguiendo una escala establecida, independientemente de si los intervalos de la escala son uniformes o no. Sin embargo, las medidas cualitativas nominales utilizan también escalas pero en los casos en los que no se puede establecer ningún orden lógico.

3. Complete la siguiente tabla indicando a qué tipo de indicador (siguiendo la clasificación según el tipo de información que facilita el indicador) se refiere cada ejemplo:

Ejemplo	Tipo de indicador
Ingresos de una empresa	Económico
Porcentaje de defectos de un proceso de producción	De calidad
Número de pedidos no atendidos	De servicio
Número de reclamaciones mensuales	De cliente
Coste unitario del producto	De producción
Rotación de los productos de un almacén	De logística
Tiempo medio de respuesta en las llamadas recibidas	De servicio

4. ¿Cuál de las siguientes operativas no se corresponde con los pasos básicos que hay que seguir para crear un indicador?

   a. Validar los indicadores mediante criterios técnicos.
   b. Señalar la fuente de los datos obtenidos.
   c. Comunicar los resultados del desempeño logrado medido con el indicador.
   d. **Establecer las áreas de desempeño irrelevantes que se van a medir.**

5. Busque en la sopa de letra los aspectos que hay que tener en cuenta para realizar una correcta identificación de las metas de una organización. A continuación explíquelos.

C	U	A	N	T	I	F	I	C	A	C	I	O	N
A	D	C	T	E	Y	N	W	U	L	A	A	R	T
A	B	T	E	C	A	I	N	L	U	L	I	D	E
S	A	L	I	D	V	E	R	T	Y	I	A	C	E
C	U	A	L	E	S	R	A	T	I	D	O	S	C
T	E	M	P	O	R	A	L	I	D	A	D	S	O
E	N	G	A	E	S	T	U	O	A	D	A	P	L
N	A	N	A	I	N	E	S	A	T	I	N	A	S
C	A	L	I	M	A	S	E	N	T	O	R	E	R
A	S	E	N	T	A	R	S	T	E	C	A	S	A

Cuantificación: hay que definir en términos absolutos, de porcentaje o de forma nominal qué es lo que se quiere modificar.

Calidad: se debe definir el referente a utilizar para definir lo que se va a mejorar, según los objetivos marcados.

Temporalidad: es imprescindible definir el horizonte temporal en el que deben alcanzarse los resultados (metas).

6. Complete la siguiente oración:

La definición de los objetivos que se pretenden conseguir es necesaria para un correcto establecimiento de los **indicadores,** pero no es **suficiente.** Para cada indicador también es necesario definir qué se va a medir, cómo se va a medir, **quién** lo medirá, cada cuánto y **cuándo** debe revisarse.

7. **Relacione las siguientes definiciones con las distintas partes fundamentales de un indicador mencionadas a continuación:**

   a. Fórmula o ecuación que se utilizará para obtener los datos.
   b. Fija el período de tiempo que debe pasar entre las mediciones.
   c. Describe concretamente lo que se está midiendo.
   d. De dónde se extraerán los datos para ejecutar el indicador.

   a. Fuente de los datos.
   b. Periodicidad.
   c. Modo de calcularlo/ratio.
   d. Definición.

8. **Busque en la sopa de letras las características que debe tener un buen objetivo (características SMART):**

R	E	L	E	V	A	N	T	E	S	A
I	D	V	S	A	K	I	E	N	T	E
L	E	S	P	U	L	I	M	A	S	A
P	O	R	E	Y	I	A	P	O	M	A
A	E	S	C	I	D	O	O	R	E	R
A	I	N	I	D	A	D	R	U	D	E
I	M	A	F	A	D	A	A	C	I	L
S	A	F	I	T	I	N	L	E	B	A
T	A	L	C	A	N	Z	A	B	L	E
U	T	I	O	L	A	Z	A	B	E	S

9. **En referencia a los resultados que ofrece un indicador, indique las diferencias entre los límites legales y los límites de aceptabilidad.**

   Los límites de aceptabilidad son los valores que debe tomar un objetivo para que los resultados se consideren correctos. Son límites fijados por la propia organización. Sin embargo, los límites legales son fijados por la ley y no pueden ser sobrepasados; por mucho que la empresa fije unos límites mayores, la legalidad impedirá alcanzarlos.

10. Complete la siguiente tabla indicando a qué tipo de umbral se corresponde cada indicador:

Indicador	Umbral	Tipo de umbral
Tasa de procesos ejecutados por hora	>30	Tasa
Porcentaje de incidentes solucionados en una hora	>75 %	Porcentaje
Porcentaje de incremento de procesos realizados simultáneamente por equipo	Incremento >5 % anual	Tendencia

11. ¿Qué tipo de valores (referentes a umbrales) se refieren las siguientes definiciones?

a. Valores no ideales pero que reflejan un grado de cumplimiento adecuado según el comportamiento normal del sistema o proceso.

b. Valores insuficientes de cumplimiento de objetivos. Son signo de necesidad de establecimiento urgente de medidas correctoras y oportunas.

c. Aquellos valores del indicador deseados por la organización. Son una meta que se espera lograr cuando los procesos y los sistemas de información evaluados alcanzan su madurez.

a. Valores aceptables.

b. Valores críticos o insuficientes.

c. Valores óptimos.

12. Complete la siguiente oración:

Los límites de umbrales no son **estáticos**, varían en el **tiempo** y según la evolución de los parámetros que se quieren medir. El conjunto de límites de umbral establecidos para un sistema es llamado **línea base de rendimiento del sistema**.

13. **Las siguientes oraciones son acciones recomendadas para realizar un correcto análisis de los resultados obtenidos con los indicadores. ¿Cuál de ellas no se corresponde con estas acciones?**

   a. **Comparar el valor del indicador al inicio del período y la meta establecida.**
   b. Analizar las causas de los resultados.
   c. Proponer recomendaciones para corregir las desviaciones.
   d. Establecer compromisos para implementar las recomendaciones formuladas.

14. **¿Qué es un cuadro de mando? ¿Para qué se utiliza?**

   Un cuadro de mando es una herramienta de gestión formada por un conjunto de indicadores clave que resumen el desempeño de un sistema y el nivel de consecución de los objetivos establecidos en una organización. Su finalidad principal es facilitar la toma de decisiones de los responsables, ofreciendo una información global y unificada de los indicadores de una organización. También sirve para ayudar a favorecer la comunicación interdepartamental de la organización e incentivar la toma de decisiones al reducir el nivel de riesgo de las mismas.

15. **Indique qué conceptos debe incluir como mínimo un cuadro de mando elaborado correctamente. Explíquelos.**

   Los cuadros de mando deben contener, como mínimo, los siguientes conceptos:

   ▮ Datos: se definen los indicadores que se incluyen en el cuadro de mando. Deben ser relevantes, útiles y fáciles de entender y visualizar.
   ▮ Propósito y responsables: también hay que fijar desde un principio quién va a utilizar el cuadro de mando y para qué lo va a utilizar.
   ▮ Periodicidad: hay que marcar cada cuánto tiempo se debe actualizar el cuadro de mandos. La periodicidad, del mismo modo que los indicadores, puede ser mensual, trimestral, semestral, etc.
   ▮ Formato: el formato del cuadro de mando es recomendable que sea digital para que su actualización y acceso sea rápido y sencillo. Por ejemplo, se pueden utilizar hojas de cálculo o archivos en formato PDF.

Solucionario Capítulo 5

1. **Complete la siguiente oración:**

Se define el término "red" como un conjunto de dispositivos físicos *(hardware)* y de programas *(software)* mediante el cual se comunican los **ordenadores** autónomos para compartir información. Cada uno de los ordenadores conectados a la red se denominan "**nodos**".

2. **Busque en la sopa de letras cinco medios de comunicación de un sistema de comunicación. Tenga en cuenta que los nombres de los medios pueden estar en español o en inglés:**

A	B	E	R	Z	M	A	R	S	A
O	L	S	A	R	O	U	T	E	R
B	E	W	A	R	D	E	R	T	I
B	R	I	D	G	E	S	A	E	L
D	A	T	A	R	M	A	N	I	E
O	C	C	A	R	A	E	L	I	S
L	R	H	S	E	R	T	O	U	L
A	S	E	M	A	R	T	I	O	N

3. **Indique a qué tipo de conector de un sistema de comunicación se corresponden las siguientes definiciones:**

   a. Tipo de cableado especial por el que los datos se transmiten a través de la luz en lugar de por corriente eléctrica.

   b. Estructura de cables que se utiliza para conectar entre sí los distintos recursos, componentes y estaciones de trabajo que forman parte de una red.

   c. Enlaces que permiten la transmisión de la información a través de ondas electromagnéticas sin necesidad de tener una conexión física.

    a. Cableado de fibra óptica.
    b. Sistema de cableado.
    c. Enlaces inalámbricos.

4. Rellene la siguiente tabla, indicando en la columna de la derecha las capas del modelo OSI a las que corresponden las definiciones de las celdas de la izquierda:

MODELO OSI	
NIVEL - CAPA	DESCRIPCIÓN
APLICACIÓN	Ofrece a las aplicaciones la posibilidad de acceder a los servicios de red para realizar el trabajo encomendado.
ENLACE	Divide el flujo de bits en unidades con formato mediante el uso de protocolos (puentes -*bridges*-).
TRANSPORTE	Asegura la correcta recepción de la información.
RED	Establece las comunicaciones y determina la ruta de los datos en la red (enrutador -*router*-).
FÍSICA	Se ocupa de transmitir el flujo de bits a través del medio (cables, tarjetas y repetidores).
SESIÓN	Establece, mantiene y finaliza la comunicación entre las aplicaciones en el momento apropiado.
PRESENTACIÓN	Convierte las distintas representaciones de datos para que puedan ser entendibles por el usuario.

5. Rellene los recuadros de las capas de la arquitectura TCP/IP que se corresponden con las capas del modelo OSI situado a la derecha:

Correspondencia de capas entre modelos TCP/IP y OSI

Arquitectura TCP/IP   Modelo OSI

| Aplicación | ←→ | Aplicación |

| Transporte | ←→ | Presentación
Sesión
Transporte |

| Interred | ←→ | Red |

| Red | ←→ | Enlace
Capa física |

6. ¿Cuál de los siguientes servicios no está incorporado a cada capa del modelo TCP/IP?

   a. Direccionamiento.
   b. **Control de la reparación de datos.**
   c. Fragmentación.
   d. Nomenclatura.

7. Relacione las siguientes características de las direcciones IP del protocolo IPv4 con las clases de direcciones mencionadas a continuación:

   a. Los 24 primeros bits corresponden a la identificación de la red y los otros 8 a la identificación del equipo.
   b. Direcciones IP reservadas para su uso en investigación.
   c. Los 16 primeros bits (2 *bytes)* identifican la red y los otros 16 al equipo.
   d. Los 8 primeros bits (que es lo mismo que 1 *byte)* identifican la red y los 24 restantes (3 *bytes)* identifican al equipo de la red.
   e. Direcciones IP que envían la información a varias interfaces distintas.

d. Clase A.
c. Clase B.
a. Clase C.
e. Clase D.
b. Clase E.

8. **Dentro del protocolo IPv4, indique a qué concepto se refieren las siguientes definiciones:**

    a. Dirección que tiene los bits de host iguales a cero. Sirve para definir la red en la que se ubica.
    b. Es la dirección del *router* de la red y puede tomar cualquiera de las direcciones de un rango.
    c. Dirección que sirve para enviar un paquete a todos los *hosts* de una red. Esta dirección tiene los bits correspondientes a *host* iguales a 255.
    d. Son direcciones "127.x.x.x" que se reservan para designar la propia máquina. Se suelen utilizar para comprobar las propias interfaces de red.

    a. **Dirección de red.**
    b. **Dirección IP de la puerta de enlace.**
    c. **Dirección *broadcast*.**
    d. **Dirección de bucle local o *loopback*.**

9. **¿Cuál de los siguientes comportamientos irregulares de una red no se detecta con el análisis de resultados facilitado por el proceso de monitorización de la misma?**

    a. Tráfico inusual de la red.
    b. Elementos principales de la red.
    c. **Utilización motivada de la red.**
    d. Calidad del servicio.

10. **¿Qué es un *sniffer*? ¿En qué protocolo se utiliza?**

    Un *sniffer* es un programa cuya función es capturar todos los datos que circulan a través del medio físico, los dispositivos y los equipos que forman parte de una red. Se utiliza en el protocolo Ethernet ya que se basa en un defecto del mismo.

11. De entre las siguientes herramientas, hay una que no se corresponde con un *sniffer.*
¿Cuál es?

      a. Ettercap.
      b. Hobbit-Xymon.
      c. Wireshark.
      d. Kismet.

12. **Complete la siguiente oración:**

El funcionamiento de la herramienta ***Hobbit-Xymon*** se basa en el envío periódico de peticiones y el correspondiente registro de la respuesta recibida. Si recibe un valor que no está en el rango esperado envía una **alerta** al administrador mediante un correo **electrónico.**

13. **Mencione tres actividades para las cuales las herramientas SIM son especialmente útiles:**

Las herramientas SIM son especialmente útiles para las siguientes actividades (con mencionar tres de ellas es suficiente):

    ▎ Administración de la infraestructura de red y de los distintos activos de la organización.
    ▎ Configuración centralizada y monitorización de los componentes de la infraestructura de seguridad.
    ▎ Análisis de la información facilitada por los componentes de seguridad.
    ▎ Predicción y pronóstico de amenazas.
    ▎ Colección y correlación de eventos.
    ▎ Detección, identificación y reporte de eventos de seguridad.
    ▎ Realización de un análisis forense de los eventos.
    ▎ Establecimiento de políticas de seguridad y mejora en la planificación de la seguridad de la organización.
    ▎ Monitorización de ataques y respuestas en tiempo real.

14. **¿Cuál de las siguientes opciones no se corresponde con algún beneficio que aporta la utilización de un SEM?**

      a. Activación de alertas programadas.
      b. Acceso a los registros mediante una interfaz central inconsistente.

c. Gestión de eventos de varios sistemas operativos con un solo SEM.

d. Representación gráfica de la actividad.

15. **Rellene la siguiente tabla, indicando las distintas características, funciones y limitaciones de un cortafuegos o *firewall*.**

CORTAFUEGOS O *FIREWALL*
Características
Control de servicios
Control de direcciones
Control de usuarios
Control de comportamiento
Funciones
Protección ante usuarios no autorizados
Protección ante servicios potencialmente vulnerables
Protección frente a ataques de suplantación de IP
Simplificación de la administración de la red
Elección de la ubicación de la supervisión de eventos de seguridad
Limitaciones
No hay protección frente a lo que no pasa por el cortafuegos
No hay protección frente a amenazas internas
Puede dar falsa sensación de seguridad

Solucionario Capítulo 6

1. Complete la siguiente oración referente a la identificación de los registros:

Los registros deben poder **identificarse** con facilidad. Esta identificación hay que realizarla en dos **niveles:** en el primero se identifican los registros según el formato utilizado para su **cumplimentación** y en el segundo ya se diferencian por un campo identificador presente en el propio formato.

2. ¿Qué beneficios importantes puede obtener una organización si establece unas medidas de control de registros correcta y adecuada?

Los beneficios más importantes que puede obtener una organización al establecer unas medidas de control de registros correcta y adecuada son los siguientes:

I Mediante el control del almacenamiento de los datos se consigue que el acceso a los mismos sea más sencillo y rápido, lo que propiciará un análisis de los indicadores más ágil y resolutivo.

I Al ser el acceso a los registros más rápido, también se agiliza el proceso de realización de auditorías.

I Hay una mayor protección de los registros, por haber establecido previamente una serie de medidas de seguridad que evitan el uso indebido de los datos y las pérdidas imprevistas de los mismos.

I Hay una mayor organización y orden en el archivo de la organización, lo que puede ahorrar tiempo y gastos en el momento de necesitar algún documento determinado.

3. Según la LOPDGDD se debe preservar la protección de datos a través de:

I Exactitud de los datos
I Deber de confidencialidad
I Tratamiento basado en el consentimiento del afectado
I Consentimiento de los menores de edad
I Tratamiento de datos por obligación legal, interés público o ejercicio de poderes públicos
I Categorías especiales de datos
I Tratamiento de datos de naturaleza penal

4. Rellene la siguiente tabla con las recomendaciones que deben tener en cuenta las organizaciones para cumplir las obligaciones legales respecto a datos personales:

Obligación legal		Recomendación
Los datos deben recogerse solo con fines determinados explícitos y legítimos	⟶	**No usar estos datos para otras finalidades**
Los datos deben ser adecuados y pertinentes en relación a su finalidad	⟶	**No recoger datos si no son absolutamente necesarios**
Los datos deben ser exactos y veraces respecto a la situación del titular	⟶	**Mantener actualizados los datos constantemente**
Los datos deben ser conservados solamente durante el tiempo necesario para las finalidades para las que han sido recogidos	⟶	**Cancelar y eliminar los datos cuando ya no son necesarios**

5. Indique a qué tipo de medida de seguridad (administrativa, técnica o física) se corresponden las siguientes medidas:

   a. Gestión de comunicaciones. **Medida de seguridad técnica.**
   b. Definición de controles respecto a los recursos humanos. **Medida de seguridad administrativa.**
   c. Definición de políticas de seguridad. **Medida de seguridad administrativa.**
   d. Establecimiento de perímetro de seguridad. **Medida de seguridad física.**

6. Complete la siguiente oración:

   La **LOPDGDD** habla de que los códigos de conducta regulados por el Reglamento (UE) 2016/679 serán **vinculantes,** y estos tendrán como objeto especificar la aplicación de la normativa en lo que respecta a: tratamiento leal y transparente; la recogida de datos personales; el ejercicio de los derechos de los interesados...

7. **¿Cuál de las siguientes obligaciones no es responsabilidad del responsable de seguridad de una organización?**

    a. Actualizar el listado de personal autorizado a acceder a datos personales en soporte papel de nivel alto.

    b. **Controlar que solo el personal no autorizado pueda acceder a la información en papel de nivel alto.**

    c. Establecer mecanismos para evitar que un usuario pueda acceder a ficheros distintos de los autorizados.

    d. Confeccionar y mantener actualizada una relación de usuarios y perfiles de usuarios a ficheros no automatizados y los accesos autorizados para cada uno de ellos.

8. **Relacione las definiciones siguientes con las carpetas del Editor del Registro de *Windows* mencionadas a continuación:**

    a. Contiene información sobre las configuraciones del usuario que está utilizando *Windows* en ese momento.

    b. Contiene información sobre las aplicaciones registradas y los sistemas de archivos. En esta carpeta se define qué programa debe abrir cada aplicación por defecto.

    c. Contiene los datos sobre los distintos perfiles de usuario que haya en *Windows.*

    d. Contiene información acerca del *hardware* del equipo.

    d. HKEY_CURRENT_USER
    b. HKEY_CURRENT_CONFIG
    c. HKEY_USERS
    a. HKEY_CLASSES_ROOT

9. **Indique a qué tipo de registro de *Windows* se corresponde cada una de las siguientes definiciones:**

    a. Registros que contienen los eventos ocurridos en los accesos del sistema. **Registros de seguridad.**

    b. Registros que incluyen los eventos registrados por aplicaciones o programas. **Registros de aplicación.**

    c. Registros que contienen los eventos que han sido generados por componentes del sistema operativo. **Registros del sistema.**

10. Complete la siguiente tabla, indicando la funcionalidad de los siguientes archivos de registro de *Linux*:

Nombre de archivo	Funcionalidad
/var/log/boot.log	Muestra eventos y servicios empezados cuando se inicia el sistema.
/var/log/daemon.log	Muestra mensajes sobre permisos o servicios corriendo en el sistema.
/var/log/errors.log	Muestra errores del sistema.
/var/log/httpd.log	Muestra mensajes y errores de Apache.
/var/log/messages.log	Muestra alertas generales del sistema.
/var/log/user.log	Muestra información acerca de los procesos usados por el usuario.

11. ¿Qué ventajas obtiene una organización al utilizar como sistema de almacenamiento el alojamiento de los registros en la nube?

Las ventajas que proporciona la utilización de la tecnología de la nube como método de almacenamiento son las siguientes:

- Reducción de costes.
- Mayor accesibilidad.
- Escalabilidad.
- Mayor seguridad.
- Capacidad de autoservicio.

12. ¿Cuál de los siguientes factores no se corresponde con los principales a tener en cuenta por las organizaciones en el momento de la elección del sistema de almacenamiento de los registros?

   a. **Requisitos formales.**
   b. Requisitos legales.
   c. Características de la red.
   d. Tipo de alojamiento de datos.

13. **Relacione las siguientes definiciones con los distintos tipos de almacenamiento mencionados a continuación:**

   a. Servicios que ofrecen el almacenamiento de datos y registros y la utilización de aplicaciones a través de internet sin necesidad de que estén almacenados en el equipo.
   b. Tipo de almacenamiento en el que los datos y registros se encuentran almacenados en internet y se puede acceder a ellos de modo virtual desde cualquier equipo o dispositivo.
   c. Alojamiento de los datos en los equipos y dispositivos situados dentro de la misma organización.

   <u>**c.**</u> Alojamiento tradicional.
   <u>**a.**</u> *Cloud hosting.*
   <u>**b.**</u> *Web hosting.*

14. **¿Cuáles son las principales normativas a tener en cuenta por las organizaciones en relación a la obtención y tratamiento de registros?**

   Las principales normativas que se deben tener en consideración son las siguientes:

   - Reglamento (UE) 2016/679 y LOPDGDD.
   - Normativas referentes a la propiedad intelectual.
   - Normativas que regulen temas de privacidad y confidencialidad de la información.
   - Normativas referentes al comercio electrónico.

15. **Complete la siguiente oración:**

   En el sistema operativo *Linux* se utilizan archivos de registro para registrar los **eventos** del sistema, entre ellos, la conexión de dispositivos, sesiones nuevas y otros mensajes. En cada mensaje consta el **programa** que lo generó, la prioridad, la fecha y la **hora**.

Solucionario Capítulo 7

1. **Cuando se define una política de control de accesos, la norma ISO 27002:2023 describe que hay varias formas de implementar un control de accesos adecuados. Indique cuál de las siguientes opciones no se corresponde con un sistema de control de accesos:**

   a. Control de acceso obligatorio.
   b. **Control de acceso universal.**
   c. Control de acceso basado en redes.
   d. Control de acceso basado en atributos.

2. **Complete la siguiente oración:**

   En relación a la gestión de identidades, la organización debería poder gestionar el ciclo de **vida** completo de las mismas con la finalidad de poder obtener una identificación **única** tanto de los individuos como de los sistemas que acceden a la información de la organización y, así, permitir una asignación adecuada de los derechos de **acceso**.

3. **Según la norma ISO/IEC 27002:2023, todos los procesos relacionados con la gestión de identidades deberían garantizar una serie de aspectos. ¿Cuál de las siguientes frases no se corresponde con estos aspectos?**

   a. **Identidad genérica.**
   b. Gestión de identidades no humanas.
   c. Auditoría de identidades.
   d. Identidad única.

4. **Los directivos y gerentes de una organización deben encargarse de la revisión periódica de los derechos de acceso de los usuarios. Esta revisión debe realizarse mediante un procedimiento formal. Indique qué debe incluir, como mínimo, este procedimiento.**

   Los directivos y gerentes de la organización deben encargarse de la revisión periódica de los distintos derechos de acceso de los usuarios mediante, también, un procedimiento formal que debe incluir, por lo menos:

▌ Un proceso para asignar o revocar los derechos de acceso físicos y lógicos concedidos a la entidad autenticada de una entidad.

▌ Un proceso para llevar a cabo las revisiones periódicas de los derechos de acceso físicos y lógicos, en los que se describa el procedimiento a seguir en el caso de cualquier cambio dentro de la organización o en el caso de finalización de empleo de algún trabajador.

▌ Un proceso en el que se especifiquen que los derechos de acceso de los usuarios a la información se deberían revisar, ajustar o borrar antes de que se cambie o se finalice una relación laboral.

▌ La consideración de establecimiento de roles de acceso de usuarios que se basen en los requisitos del negocio, de modo que se engloben varios derechos de acceso en ciertos perfiles de acceso de usuarios típicos.

5. ¿Qué Norma ISO recoge los requerimientos para definir una correcta política de acceso a los sistemas de información de una organización?

    a. ISO 27001:2023
    b. ISO 27002:2023
    c. ISO 27003:2023
    d. ISO 27004:2024

6. Identifique los siguientes enunciados con cada tipo de medidas que debe adoptar e implantar el responsable de un fichero:

    a. Medidas cuyos objetivos están encaminados a mantener la integridad, confidencialidad y disponibilidad de la información cuando esta contiene datos de carácter personal. Estas medidas están clasificadas en función del nivel de seguridad de sus datos: básico, medio y alto. **Medidas técnicas.**

    b. Medidas cuyos objetivos están encaminados al establecimiento de procedimientos, normas, reglas y estándares de seguridad para proteger los datos personales en el momento de su tratamiento. **Medidas organizativas.**

7. Según la **LOPDGDD**, ¿qué nombre recibe el responsable de los datos dentro de una organización?

    a. Responsable de ficheros.
    b. Responsable del tratamiento de ficheros.
    c. Responsable del tratamiento de datos.
    d. Responsable de datos.

8. **Comente qué acciones podrá realizar un usuario con los permisos siguientes:**

   a. El usuario podrá ejecutar aquellas aplicaciones que no influyan en los datos de la organización y también podrá visualizar los archivos, aunque no realizará ninguna modificación en ellos. **Leer y ejecutar.**
   b. El usuario ya está autorizado para hacer cualquier tipo de operación sobre los archivos en los que se les ha asignado este permiso, desde su creación, modificación hasta su eliminación. **Control total.**
   c. El usuario podrá abrir las carpetas para visualizar los archivos que hay en ella, pero no podrá acceder a ellos. **Lista de contenidos.**
   d. El usuario con estos permisos solo podrá leer y visualizar los ficheros. No podrá ejecutar ninguna aplicación. **Solo lectura.**

9. **Rellene las medidas de seguridad que falten en el listado.**

MEDIDAS DE SEGURIDAD
Almacenamiento de la identificación, fecha y hora del acceso, fichero accedido, tipo de acceso y acceso autorizado/denegado en cada acceso.
Control de acceso físico limitado al personal autorizado en el documento de seguridad.
Conservación de los datos: mínimo dos años.
Acceso autorizado solo a los datos necesarios.
El responsable de tratamiento de datos debe establecer un mecanismo para identificar a los usuarios que intentan acceder al sistema.
Establecimiento de mecanismos para evitar el acceso de usuarios con derechos distintos a los autorizados (responsable de tratamiento de datos).
Revisión de la información de control y elaboración de informes: una vez al mes por el responsable de seguridad.

10. **Relacione las siguientes definiciones con los protocolos mencionados a continuación:**

   a. Es una base de datos jerárquica en la que se almacena información sobre los nombres de dominio en las redes. Su utilización más frecuente está relacionada con la asignación de nombres de dominio a las direcciones IP.

b. Es un protocolo que asigna de modo automático las direcciones IP.

c. Es un protocolo de autenticación de usuarios que permite que dos equipos situados en una red de baja seguridad se puedan identificar mutuamente de un modo seguro.

d. Se trata de un protocolo que permite el acceso a un servicio de directorio ordenado y distribuido cuya función principal es permitir la búsqueda de información en un entorno de red. En numerosas ocasiones, es considerado como una base de datos sobre la que se puede realizar una serie de consultas para localizar los datos deseados.

b. DHCP.
c. Kerberos.
d. LDAP.
a. DNS.

11. ¿Qué es un directorio activo?

El directorio activo es un servicio de directorio que gestiona todos los elementos que forman parte de una red, desde equipos hasta grupos, usuarios, dominios, políticas de seguridad y cualquier otro objeto que esté definido por el usuario.

12. Indique a qué hacen referencia las siguientes claves utilizadas con frecuencia en DLAP:

a. u. **Unidad o departamento en el que trabaja la persona.**
b. sn. **Apellido de la persona.**
c. cn. **Nombre de la persona.**
d. givenname. **Nombre de pila de la persona.**

13. Complete la siguiente oración:

La gestión de identidades y autorizaciones (IAM) es un conjunto de sistemas y procesos encargados de gestionar y controlar la **identidad** de las personas que acceden a los recursos del **sistema de información** y todo aquello que puede hacer cada usuario con estos recursos, cumpliendo en todo momento con las **políticas** definidas por la organización.

14. ¿Cuál de los siguientes aspectos no está incluido en un perfil de identidad?

    a. Información personal del usuario.
    b. Credenciales de autenticación.
    c. Identificación común.
    d. Permisos de acceso y roles asignados al usuario.

15. Relacione las siguientes definiciones con cada tipo de herramienta SSO:

    a. Protocolo que externaliza la autenticación de los usuarios a través del servidor Kerberos.
    b. Herramienta mediante la cual se evitan autenticaciones redundantes para identificar a los usuarios en aplicaciones web.
    c. Herramienta que compila la identidad en una dirección url, que puede ser verificada posteriormente por cualquier aplicación o servidor para conocer la identidad y los privilegios del usuario que pretende acceder a ellos.
    d. Herramienta que utiliza una autenticación primaria para completar automáticamente las aplicaciones secundarias con el mismo usuario y contraseña.

    b. Identidad federada.
    c. OpenID.
    a. Kerberos.
    d. Enterprise Single Sign-On (E-SSO) o Legacy Single Sign-On.

Desarrollo y optimización de componentes software para tareas administrativas de sistemas

Solucionario Capítulo 1

1. Enumere los servicios básicos de un sistema operativo.

Los servicios básicos son:

- Permitir la ejecución de aplicaciones.
- Asignar recursos del ordenador (CPU, memoria, etc.) a los programas.
- Dar acceso indirecto a los dispositivos del ordenador y a los periféricos.
- Proporcionar un sistema organizado de almacenamiento de datos.
- Comunicación interactiva con el usuario.

2. En el modelo de memoria contigua, ¿cuál de las siguientes afirmaciones es la correcta?

 a. Cada partición solo puede tener un proceso.
 b. Cada partición solo puede tener dos procesos.
 c. El tamaño de la partición es fijo.
 d. No se desperdicia memoria.

3. En el modelo de memoria con intercambio, ¿cuál de las siguientes afirmaciones es la correcta?

 a. No puede existir un fichero local para el intercambio.
 b. Es necesario configurar el tamaño del fichero de intercambio.
 c. Los procesos no permanecen mucho tiempo en memoria.
 d. El intercambio no se realiza desde la memoria al disco nunca.

4. ¿En qué consiste el modelo de memoria basado en paginación?

En este esquema, la memoria se divide en unidades del mismo tamaño denominadas marcos de página. Mientras que los programas se dividen en unidades lógicas denominadas páginas. Las páginas tendrán el mismo tamaño que los marcos de página.

Cuando un proceso se ejecuta, carga un número de páginas en la memoria física y el resto en disco.

Las dos funciones principales son:

I Llevar a cabo la transformación de una dirección de memoria a la página correspondiente.
I Transferir páginas entre la memoria secundaria y la memoria principal y viceversa.

5. Complete los siguientes enunciados.

a. La segmentación se basa en la división **lógica** del programa en partes denominadas **segmentos**.
b. Existen dos tipos de procesos: procesos de **usuario** (los que son creados por el usuario) y procesos de **sistema** (que forman parte del sistema operativo).
c. Hoy en día, todos los sistemas operativos importantes se consideran de tiempo **compartido**.

6. ¿Cuáles son los estados que un proceso puede alcanzar?

Nuevo, listo, ejecutando, bloqueado y finalizado.

7. ¿Cuáles son las funciones principales del módulo del SO que se encarga de la gestión de almacenamiento?

I Traducción de las peticiones de acceso desde el espacio lógico de direcciones de archivo físico.
I Transmisión de elementos de archivos entre almacenamiento principal y secundario.
I Gestión del almacenamiento secundario. Por ejemplo: llevar control del estado, asignación y designación del espacio.
I Soporte para la protección y compartición de archivos, recuperación y posiblemente restauración de archivos después de caídas del sistema.

8. ¿De qué características dependen los dispositivos de entrada/salida para su clasificación?

- Velocidad. Existen dispositivos lentos, que transfieren unos cuantos caracteres por segundo. Pero también existen dispositivos muy rápidos, que mueven millones de caracteres por segundo, como por ejemplo los discos duros y los dispositivos de comunicaciones.
- Unidad de transferencia. El dispositivo puede transferir bytes, como el teclado o el ratón, o bien bloques, como los discos.
- Codificación de la información. La información que transmite un dispositivo puede ser muy diversa, incluso un mismo dispositivo puede adoptar distintos tipos de codificación en instantes diferentes.
- Protocolo de comunicación. El lenguaje entre el dispositivo y la CPU depende del mismo y de las conexiones.
- Operaciones. Existen dispositivos solo de entrada, solo de salida y de entrada/salida.
- Errores. Los mensajes de error son comunes y varían dependiendo del tipo de dispositivo.

9. ¿A qué nivel de seguridad de un SO pertenece la autenticación de usuario?

a. Seguridad de instrucciones.
b. Servicios de seguridad.
c. Seguridad de red.
d. Seguridad de datos.

10. De las siguientes afirmaciones, indique cuál es verdadera o falsa.

a. Todo sistema operativo necesita un proceso de arranque y parada.

☑ **Verdadero**
☐ Falso

b. El MBR no contiene información sobres las particiones del disco de inicio

☐ Verdadero
☑ **Falso**

c. El inicio del sistema operativo requiere la carga de los módulos principales en memoria.

☑ **Verdadero**
☐ Falso

d. El proceso de finalización o parada del sistema operativo lleva a cabo la liberación de todos los recursos del sistema.

☑ **Verdadero**
☐ Falso

11. ¿En qué consiste un sistema monolítico para un sistema operativo?

En un sistema operativo con este tipo de arquitectura todas las funciones se encuentran codificadas en un único módulo. Está compuesto de un conjunto de procedimientos, que se pueden invocar entre ellos según la necesidad y sin restricciones.

Este tipo de arquitectura se puede ver como un modelo de tres niveles:

I Un programa principal que realiza la llamada al servicio del SO.
I Un conjunto de procedimientos de servicio que realizan las llamadas al sistema.
I Un conjunto de procedimientos auxiliares que ayudan a los anteriores, y que suelen ser comunes para varios procedimientos de servicio.

12. De las siguientes afirmaciones, indique cuál es verdadera o falsa.

a. Un *microkernel* es un pequeño módulo que proporciona la funcionalidad básica del SO.

☑ **Verdadero**
☐ Falso

b. Una ventaja de los *microkernels* es que es fácil añadir nuevos servicios al SO.

☑ **Verdadero**
☐ Falso

c. El sistema modular para un sistema operativo es aceptable para aquellos que son de propósito general.

☑ **Verdadero**
☐ Falso

d. Las máquinas virtuales no son un tipo de arquitectura basada en *microkernel.*

☐ Verdadero
☑ **Falso**

13. ¿Cuáles son los principales inconvenientes de los sistemas distribuidos cuando se habla sobre sistemas operativos?

❚ Hay poco *software* adaptado a la ejecución distribuida.
❚ La saturación de la red influye muy negativamente en el rendimiento del sistema.

14. ¿Qué secuencia de pasos sigue un terminal de *Linux* cuando se ejecuta un comando?

1. Busca el nombre de la orden y comprueba si es una orden interna.
2. Comprueba si la orden es un alias, es decir, un nombre sustitutorio de otra orden.
3. Si no se cumple ninguno de los casos anteriores, busca el programa correspondiente y lo ejecuta.
4. Si el intérprete de comandos no puede encontrar la orden que se ha tecleado, muestra un mensaje de error.

15. ¿Qué clasificación se puede hacer de los principales tipos de interfaces que existen a la hora de comunicarse con un sistema operativo?

❚ Interfaces alfanuméricas (intérpretes de comandos) que solo presentan texto.
❚ Interfaces gráficas de usuario (GUI, *Graphics User Interfaces),* que permiten comunicarse con la computadora de una forma muy rápida e intuitiva representando gráficamente los elementos de control y medida.
❚ Interfaces táctiles, que representan gráficamente un "panel de control" en una pantalla sensible que permite interaccionar con el dedo de forma similar a si se accionara un control físico.

 Solucionario Capítulo 2

1. ¿Qué es una llamada al sistema *(system call)?*

Las llamadas al sistema *(system calls)* son instrucciones que se ejecutan en modo *kernel* y que forman parte del núcleo del sistema operativo. Actúan como interfaz entre los programas de usuario y los servicios que proporciona el sistema operativo. Definen todas las acciones que el sistema operativo puede realizar.

2. Marque con una X las características correctas de HTTP.

X	El conjunto de llamadas al sistema puede variar dependiendo del sistema operativo.
X	Las llamadas al sistema pueden ponerse a disposición como funciones de bibliotecas.
	Los manejadores del sistema hacen uso de las bibliotecas.
	Toda llamada al sistema se puede ejecutar en modo usuario.
X	Toda llamada al sistema solo se puede ejecutar en modo *kernel*.

3. ¿De cuántas formas se puede realizar una llamada al sistema?

    a. **De dos formas: directa o mediante API.**
    b. De tres formas: directa, mediante API o por red.
    c. Solo de forma directa.
    d. Solo mediante API.

4. ¿Cuáles de los siguientes tipos no pertenece a una categoría principal de llamadas al sistema?

    a. **Llamadas de información.**
    b. Llamadas para la gestión de la memoria.
    c. Llamadas para la gestión de dispositivos.
    d. Llamadas para la gestión de comunicaciones de red.

5. **Complete los siguientes enunciados.**

Las tres grandes API que envuelven llamadas al sistema son: **Win32 API** para *Windows*, **POSIX API** para sistemas basados en *POSIX* (incluyendo todas las versiones *Unix, Linux y macOS)*, y **Java API** para la máquina virtual de Java.

En sistemas operativos modernos, se ejecutan **múltiples** procesos a la vez.

Existe una llamada al sistema muy importante en *Unix* que permite que un programa **cree** un nuevo proceso a partir del que se está ejecutando. Esta llamada al sistema es **fork().**

6. **Ordene la siguiente secuencia de pasos que se produce cuando se realiza una llamada al sistema.**

   a. El proceso de usuario introduce en la pila los valores de los parámetros de la función que envuelve la llamada al sistema.
   b. Después realiza la llamada a la función.
   c. Esa función coloca en el registro del procesador el número que identifica la llamada al sistema específica.
   d. Después se ejecuta la interrupción o *trap* que provoca la ejecución en modo *kernel.*
   e. El *kernel* devuelve al manejador de la llamada al sistema, el código almacenado de esa llamada que corresponde al número que se encuentra en el registro del procesador.
   f. Se ejecuta la llamada al sistema.
   g. Cuando acaba la ejecución, el manejador devuelve el control de ejecución al proceso que realiza la llamada. Conmutando al modo usuario.
   h. Acaba la ejecución de la función que envuelve la llamada al sistema.
   i. Se actualiza la pila de ejecución al estado anterior a la llamada.

7. **¿Qué es una API?**

Una API es una interfaz de programación de aplicaciones que se utiliza para el desarrollo. Es un conjunto de funciones agrupadas en bibliotecas que se proporcionan al desarrollador para facilitar el desarrollo de aplicaciones.

8. ¿Cuáles son las tres grandes API que envuelven llamadas al sistema?

1. Win32 API para Windows.
2. POSIX API para sistemas Unix, Linux y macOS.
3. Cg API.
4. Java API.

9. ¿Cuál es la sentencia que realiza la llamada directa a una *system call*?

a. syscall.
b. syscalls.
c. recall.
d. call.

10. De las siguientes afirmaciones, indique cuál es verdadera o falsa.

a. exit es una llamada al sistema que finaliza la ejecución de un proceso en
Linux.

☑ **Verdadero**
☐ Falso

b. CreateProcess es una llamada al sistema que crea un nuevo proceso en
Windows.

☑ **Verdadero**
☐ Falso

c. CreateThread no es una llamada al sistema.

☐ Verdadero
☑ **Falso**

d. CreateThread solo crea dos hilos de ejecución cuando se llama desde
Windows.

☐ Verdadero
☑ **Falso**

11. **¿Qué dos llamadas al sistema son capaces de leer y escribir en fichero un número de bytes?**

    a. read y write.
    b. readr y readw.
    c. lseek y close.
    d. Todas las opciones son incorrectas.

12. **De las siguientes afirmaciones, indique cuál es verdadera o falsa.**

    a. Semáforos y tuberías son dos mecanismos de comunicación entre procesos.

        ☑ **Verdadero**
        ☐ Falso

    b. Los *sockets* son un mecanismo de comunicación entre procesos que no permite la comunicación por red.

        ☐ Verdadero
        ☑ **Falso**

    c. La memoria compartida se utiliza solo por dos procesos como máximo en la comunicación.

        ☐ Verdadero
        ☑ **Falso**

13. **¿Qué es Win32 API?**

    API Win32 es un conjunto muy extenso de funciones, tipos y mensajes para poder programar y desarrollar aplicaciones sobre sistemas *Windows*. Su nombre proviene de la necesidad que hubo en extender la API de los sistemas operativos de *Windows* de 16 bits a la nueva arquitectura de 32 bits. Está desarrollada en lenguaje C.

14. **¿Qué es GCC?**

    GCC es el compilador nativo que proporciona toda distribución de Linux. Está integrado en el proyecto GNU para C, C++, Objective C y Fortran. Este compilador es capaz de generar un ejecutable a partir de un fichero con código fuente en alguno de estos lenguajes.

15. ¿Qué es GAS?

GAS es el ensamblador nativo del p royecto GNU. Permite generar un ejecutable a partir de código en ensamblador. Para ello, se debe codificar el programa en ensamblador en un fichero y realizar la llamada al comando as para compilarlo.

Solucionario Capítulo 3

1. ¿Qué intenta minimizar el modelo iterativo con respecto a los anteriores?

El riesgo que supone no contar con la opinión del cliente durante todo el desarrollo del sistema.

2. Marque con una X las características correctas de HTTP.

X	El modelo incremental se centra en desarrollar el sistema en partes.
X	El modelo iterativo produce en cada iteración una versión mejorada de la anterior iteración.
	Es clave en el modelo incremental comenzar con una implementación lo más compleja posible.
	En el modelo en V no existe conexión entre diseño y pruebas.
X	En el modelo en V, el cliente no forma parte activa del proyecto durante su desarrollo.

3. ¿Cuáles son las fases del modelo clásico de ciclo de vida?

    a. Preanálisis, análisis, diseño, desarrollo, pruebas, implantación y mantenimiento.
    b. Preanálisis, análisis, diseño, desarrollo y pruebas.
    c. Diseño y desarrollo.
    d. Pruebas.

4. ¿Cuál de los siguientes modelos de ciclo de vida tiene dependencia directa con alguna metodología de programación?

    a. Modelo iterativo.
    b. Modelo incremental.
    c. Modelo en V.
    d. Modelo basado en componentes.

5. Complete los siguientes enunciados.

Los **prototipos** permiten a los usuarios y a los analistas verificar los requisitos y refinar los modelos de datos y procesos.

No existe una **metodología universal** para hacer frente con éxito a cualquier proyecto de desarrollo de *software*.

El modelo **incremental** se confunde con el iterativo y viceversa.

6. ¿Qué es un requisito?

Un requisito o requerimiento especifica qué es lo que el sistema debe hacer, entendiéndolo desde el punto de vista funcional, además de las propiedades y atributos que deben ser deseables. Un requisito expresa cuál debe ser la función del sistema, pero no determina cómo debe el sistema alcanzar esa función.

7. ¿Qué es el análisis de requisitos?

El análisis de requisitos es el conjunto de técnicas y procedimientos que permiten obtener y analizar un modelo de negocio para obtener esos requisitos y elaborar la especificación completa del sistema antes de involucrarse en las fases técnicas.

8. ¿Cuáles de los siguientes tipos son una clasificación de requisitos válida?

    a. **Interfaces.**
    b. **Funcionalidad.**
    c. **Documentación.**
    d. Modelos.

9. ¿Qué tipo de requisitos responden a la seguridad?

    a. **Control de acceso a la información.**
    b. Requisitos de energía.
    c. Formato de datos.
    d. Habilidades de los desarrolladores.

10. De las siguientes afirmaciones, indique cuál es verdadera o falsa.

a. Un requisito funcional es aquel que determina una característica requerida por el sistema que expresa una capacidad de acción.

☑ **Verdadero**
☐ Falso

b. Un caso de uso es una descripción textual sobre un comportamiento funcional del sistema en un escenario específico.

☑ **Verdadero**
☐ Falso

c. Los diagramas de actividades no corresponden al tipo de análisis de comportamiento.

☐ Verdadero
☑ **Falso**

d. La ERS desarrolla mucho más los contenidos de la DRU.

☑ **Verdadero**
☐ Falso

11. ¿Cuál es el principal objetivo de la fase de diseño del desarrollo de *software?*

El principal objetivo de la etapa de diseño *software* es determinar la estructura global del sistema, es decir, su arquitectura.

12. De las siguientes afirmaciones, indique cuál es verdadera o falsa.

a. Los diseñadores suelen utilizar lo que se conoce como patrones arquitectónicos para elaborar la arquitectura.

☑ **Verdadero**
☐ Falso

b. El diseño de la interfaz consiste en elaborar y diseñar el conjunto de interfaces de comunicación entre la máquina y el usuario para el uso del sistema.

☑ **Verdadero**
☐ Falso

c. El diseño de datos intenta transformar el dominio del sistema elaborado en la fase de diseño en las estructuras de datos necesarias para la fase de implementación del sistema.

☐ Verdadero
☑ **Falso**

13. ¿Para qué sirven los diagramas de flujo?

Los diagramas de flujo se utilizan para representar gráficamente la secuencia de pasos que se debe realizar para obtener un resultado.

14. ¿Qué tipo de diagrama representa la siguiente figura?

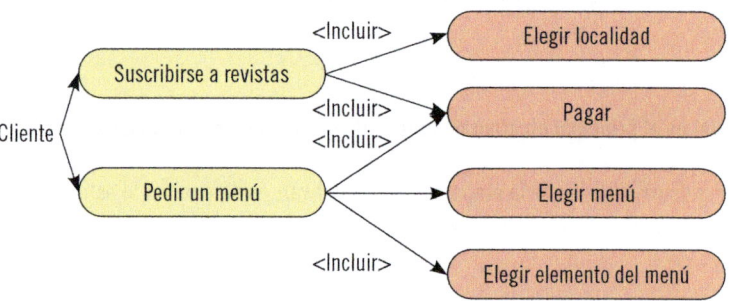

Diagrama de casos de uso

15. ¿Qué debe contener un plan de pruebas?

El proceso de prueba, la trazabilidad de requerimientos, elementos probados, un calendario de pruebas, procedimientos de registro de las pruebas, requerimientos *hardware* y *software,* y restricciones.

Solucionario Capítulo 4

1. ¿Cómo surge la programación basada en componentes?

La ingeniería del *software* basada en componentes surge como una aproximación a la idea de reutilización del *software* en el desarrollo y salva esta limitación de la anterior metodología.

2. Marque con una X los enunciados correctos.

	Respuestas HTTP
X	La identificación de los componentes se lleva a cabo a través de la ingeniería del dominio.
	Existe un mercado de *software* al que uno pueda dirigirse para obtener los componentes.
X	La calificación de componentes permite asegurar que la funcionalidad del componente encaja.
X	Un componente queda caracterizado por su interfaz.
X	Es necesaria una etapa de validación para determinar si un componente cumple o no los requisitos.

3. Cuando un componente ha sido cualificado y es válido para formar parte del sistema, ¿qué dos escenarios posibles existen?

    a. **El componente se integra o no.**
    b. El componente se valida o no.
    c. El componente se reutiliza o no.
    d. El componente se codifica o no.

4. La composición de componentes es el proceso que se encarga de crear el sistema a partir de todos los componentes disponibles. Pero la integración no es algo sencillo. ¿Cuáles son los tipos de composiciones que se pueden hacer?

    a. **Composición secuencial, jerárquica y aditiva.**
    b. Composición secuencial, jerárquica y sustractiva.
    c. Composición secuencial, arbórea y aditiva.
    d. Composición paralela, jerárquica y aditiva.

5. **Complete los siguientes enunciados.**

Un *array* es una colección de datos del mismo tipo almacenados consecutivamente en memoria.

Una **estructura** es una colección de diferentes tipos de datos que se agrupan.

Un tipo **enumerado** es una colección de elementos identificados alfanuméricamente en el momento de definir el tipo enumerado y en el que cada elemento corresponde a un número entero.

6. **Rellene la siguiente tabla de verdad en función de la operación.**

Operador1	Operador2	Conjunción	Disyunción
Falso	Falso	**Falso**	**Falso**
Falso	Cierto	**Falso**	**Cierto**
Cierto	Falso	**Falso**	**Cierto**
Cierto	Cierto	**Cierto**	**Cierto**

7. **¿Cuáles son las tres estructuras de control que definen la programación estructurada?**

    a. Secuenciales, condicionales y concurrentes.
    b. **Secuenciales, condicionales e iterativas.**
    c. Repeticiones, permutaciones y condicionales
    d. Iterativas, predictivas y acumulativas.

8. ¿Cuáles son las características de la programación estructurada?

▪ El programa completo posee un diseño modular.
▪ Los módulos se diseñan con un enfoque descendente o ascendente.
▪ Cada módulo se programa usando únicamente instrucciones secuenciales, selectivas y repetitivas.
▪ Los conceptos de estructuración y modularidad se complementan.

9. ¿Cuál de estas afirmaciones es correcta?

a. Un *thread* o hilo es un flujo secuencial simple dentro de un proceso.
b. En *Linux,* no se puede crear un nuevo proceso mientras haya otro en ejecución.
c. El interbloqueo es una anomalía que sucede cuando varios procesos intentan acceder de forma simultánea.
d. Los semáforos son una muy buena solución al problema de la exclusión mutua.

10. De las siguientes afirmaciones, indique cuál es verdadera o falsa.

a. Un monitor es una estructura de más alto nivel que el semáforo.

☑ **Verdadero**
☐ Falso

b. Cada proceso, cuando se abre un fichero, añade una entrada en la tabla de ficheros asociada.

☑ **Verdadero**
☐ Falso

c. La interrupción es el mecanismo mediante el cual es posible interrumpir la ejecución del programa ejecutado por la CPU.

☑ **Verdadero**
☐ Falso

d. DMA no permite que los dispositivos accedan a la memoria del sistema.

    ☐ Verdadero
    ☑ **Falso**

11. ¿En qué se basa el control de calidad del *software?*

    ❚ Uso de métodos y herramientas de análisis, diseño, codificación y prueba.
    ❚ Revisiones técnicas formales, que se aplican durante cada paso de la ingeniería de *software.*
    ❚ Estrategia de prueba multiescalada.
    ❚ Control de la documentación del *software* y de los cambios realizados.
    ❚ Procedimientos que aseguren un ajuste a los estándares de desarrollo.
    ❚ Mecanismos de medida de la calidad (métricas).

12. De las siguientes afirmaciones, indique cuál es verdadera o falsa.

a. Una métrica es una magnitud que permite su revisión o evaluación y corresponde a un posible atributo o requerimiento del *software.*

    ☑ **Verdadero**
    ☐ Falso

b. La captura de los requerimientos tiene como principal objetivo llegar a un entendimiento profundo de lo que debe y no debe hacer el sistema que se está desarrollando.

    ☑ **Verdadero**
    ☐ Falso

c. La validación de requerimientos permite comprobar que estos definen el sistema que el cliente busca.

    ☑ **Verdadero**
    ☐ Falso

d. En una revisión de requerimientos, el cliente o cualquier stakeholder, involucrado de manera formal o informal, debe poder verificar que el documento de requerimientos no presente anomalías ni omisiones.

☑ **Verdadero**
☐ Falso

13. ¿Cuál es la finalidad de un gestor de paquetes en un sistema operativo?

Un sistema de gestión de paquetes o gestor de paquetes tiene como finalidad permitir la instalación, actualización, configuración y eliminación de *software* de forma automática.

14. ¿Por qué es necesario el uso de optimizadores de código?

En la mayoría de las ocasiones, el compilador produce código eficiente, pero no alcanza el punto óptimo de eficiencia. La optimización de *software* es el proceso de modificación de un *software* para volverlo más eficiente y reducir así los recursos que usa (mayor rendimiento). En general, la optimización provocará que el programa se ejecute más rápido, que use menos memoria u otros recursos, o bien que consuma menos energía.

15. ¿En qué consiste el despliegue de *software?*

Tras el proceso de desarrollo, el siguiente paso suele ser la instalación de *software* en los equipos. A este proceso se le denomina despliegue del *software.* A veces, el despliegue se realiza sobre un único equipo, mientras que, en otras ocasiones, se realiza sobre muchos equipos al mismo tiempo. En concreto, si se está en el segundo caso, cada vez que una nueva actualización está disponible, el proceso vuelve a comenzar y, si no se usan las herramientas adecuadas, la pérdida de tiempo puede ser importante.

Solucionario 3

Desarrollo de componentes software para el manejo de dispositivos (Drivers)

Solucionario Capítulo 1

1. **La unidad fundamental de un sistema operativo es:**

   a. Procesos.
   b. Hebras.
   c. Interrupciones.
   d. Byte.

2. **Un proceso está compuesto, además del código del programa, de...**

   a. ... espacio de direcciones.
   b. ... espacio de direcciones y contador del programa.
   c. ... espacio de direcciones, contador del programa y el resto de los registros de la CPU.
   d. ... espacio de direcciones, prioridad del proceso y el resto de los registros de la CPU.

3. **Dentro de los estados básicos por los que pasa un proceso y que se ven en el gráfico, ¿qué estado es el que falta?**

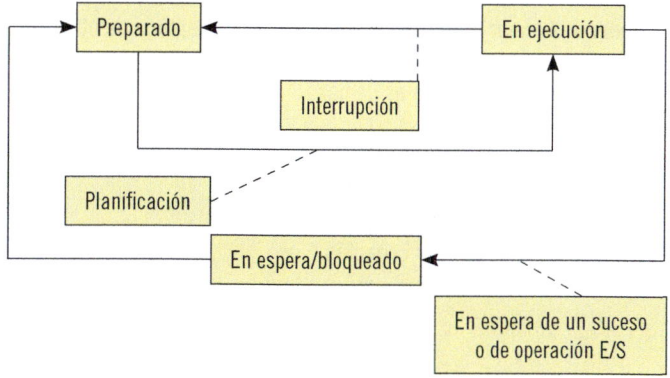

El estado que falta es: en espera o bloqueado.

4. Indique si la siguiente afirmación es verdadera o falsa:

Los procesos preparados y en espera se mantienen en una cola de trabajos que contiene a todos los procesos del sistema.

☐ Verdadero

☑ **Falso. El enunciado correcto es: Los procesos preparados y en espera se mantienen en una cola de procesos preparados.**

5. Relacione las siguientes API (bibliotecas de hebras) con el tipo de sistema operativo que las utiliza:

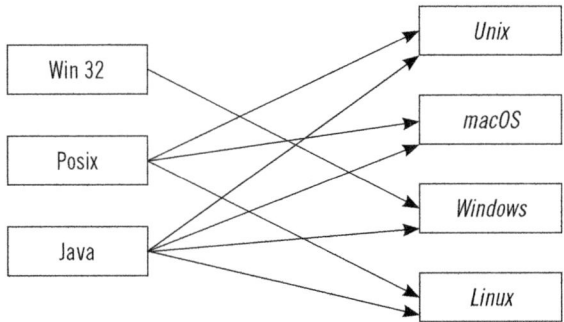

6. Para obtener una mejor utilización del espacio de la memoria se utiliza un mecanismo denominado _____. Con este mecanismo una rutina no se carga en memoria hasta que no es llamada.

    a. Enlace dinámico

    b. **Carga dinámica**

    c. Carga estática

    d. Todas las opciones son correctas.

7. En este programa Java que lee de un fichero de texto, se supone que existente, ¿qué importante operación falta?

```
import java.io.*;

//Importamos todas las clases de java.io

public class FicheroTextoApp {
    public static void main(String[] args) {
        try{

//Abro el stream, el fichero debe existir

            FileReader fr=new FileReader("C:\\ficherodeprueba.txt");

//Leemos el fichero y lo mostramos por pantalla

            int valor=fr.read();
            while(valor!=-1){
                System.out.print((char)valor);
                valor=fr.read();
            }
        }catch(IOException e){
            System.out.println("Error E/S: "+e);
        }
    }
}
```

La operación que falta es el cierre del fichero: `fr.close();`

8. **¿Cuál es el esquema más común para definir la estructura lógica de un directorio?**

    a. Estructura plana de un solo nivel.
    b. **Estructura jerárquica o de árbol.**
    c. Estructura plana de dos niveles.
    d. Todas las opciones son incorrectas.

9. **El mecanismo *hardware* que permite notificar eventos a la CPU se denomina...**

    a. ... negociación.
    b. ... llamada al sistema.
    c. ... planificación del siguiente proceso.
    d. **... interrupción.**

10. **Defina el concepto de puerto.**

    Desde el punto de vista *hardware*, un puerto es un punto de conexión para enviar o recibir información de los dispositivos, mediante el envío de señales a través de un cable o por el aire.

11. **Indique si es verdadero o falso este enunciado:**

    Los dispositivos por caracteres realizan transferencias de información a través de secuencia de caracteres. Esta información es direccionable.

    a. Verdadero
    b. **Falso. Porque no es posible direccionar la información con este tipo de dispositivos.**

12. **En la sincronización de procesos con semáforos, ¿cuál es la operación con la que se le dice al sistema que un proceso libera un recurso?**

    Cuando un proceso libera un recurso, ejecuta `signal()`.

13. Complete:

Al implementar un semáforo con una cola de espera, puede provocar que dos o más procesos esperen indefinidamente a que se produzca un suceso. En este caso se dice que los procesos están **interbloqueados**.

14. En *Unix*, un dominio está asociado con...

    a. ... un conjunto de permisos.
    b. ... un conjunto de privilegios.
    c. ... un usuario.
    d. ... un dominio.

15. En la siguiente matriz de accesos Usuarios\Objetos, ¿cómo se indicaría que el usuario U3 tendrá permiso de lectura sobre el objeto O2?

Objetos / Usuarios	O1	O2	O3	O4
U1	Lectura Escritura			
U2		**Lectura**	Control total	
U3			Borrado	

Solucionario Capítulo 2

1. **Un controlador de dispositivo actúa normalmente en modo...**

   a. ... usuario.
   b. **... *kernel.***
   c. Como una aplicación normal.
   d. Depende de si corre bajo *Linux* o *Windows*.

2. **¿Cuál de las siguientes afirmaciones es correcta?**

   a. **En los dispositivos de tipo carácter la información debe tener un orden específico.**
   b. En los dispositivos de bloque no es posible realizar búsquedas.
   c. Los dispositivos de tipo carácter son aquellos capaces de montar un sistema de ficheros.
   d. En los dispositivos de bloque la información se transmite en bloques de tamaño variable.

3. **Indique si la siguiente afirmación es verdadera o falsa:**

   Para conseguir que existan operaciones comunes, el sistema operativo define una serie de operaciones que cada controlador debe suministrar.

   ☑ **Verdadero**
   ☐ Falso

4. **Relacione cada palabra con su definición.**

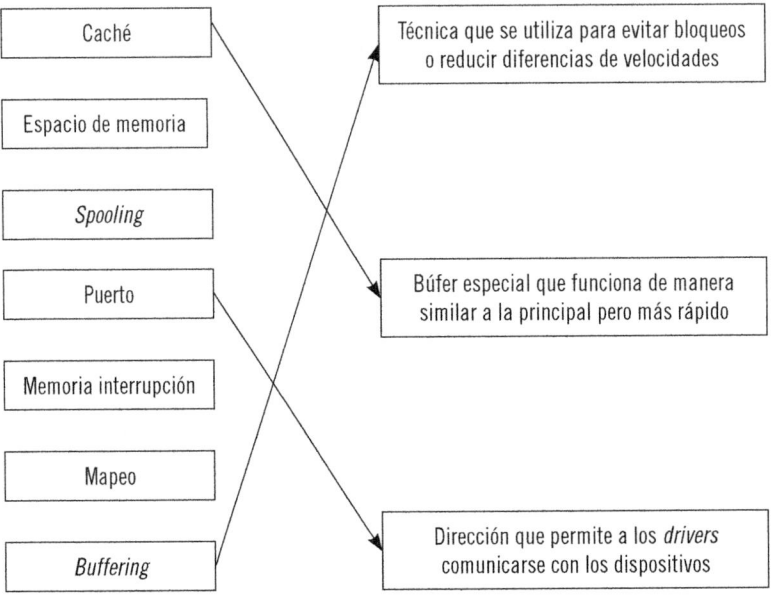

5. **¿Qué problemas tiene la sincronización por programa (E/S programada)?**

    a. Mientras está a la espera, la CPU no puede hacer nada.
    b. No permite realizar tareas periódicas.
    c. No pueden realizarse peticiones a la vez.
    d. Todas las opciones son correctas.

6. **¿Cómo se mostrarían por pantalla las interrupciones que están disponibles en un sistema en *Linux* desde consola?**

Utilizando este comando en la consola: cat proc/interrupts.

7. **Enumere los registros de tipo puerto E/S que se utilizan para la comunicación entre la CPU y los dispositivos:**

Son los siguientes: registros de control, de estado de entrada y de salida.

8. ¿Para qué se utiliza el Acceso Directo a Memoria (DMA)?

  a. Para tener controladas las entradas y salidas asignadas.
  b. Para bloquear la CPU en el acceso a los datos de un dispositivo.
  c. Para leer de la memoria principal los datos que están involucrados en una transferencia.
  d. Todas las opciones son incorrectas.

9. ¿Para qué sirve la palabra reservada de C/C++ #include?

En un programa C/C++ la palabra reservada #include invoca a una librería. Las llamadas a librerías se encuentran ubicadas al principio del programa.

10. ¿Qué es lo más utilizado para depurar errores en *Linux?*

Lo más utilizado es incluir en distintos sitios del código la función printk().

11. ¿Para qué sirven las sentencias: *try, throw* y *catch?*

Para manejar excepciones.

12. Indique la opción correcta.

  a. DriverEntry se utiliza para inicializar los controladores en *Linux.*
  b. DriverEntry es una rutina que sirve para que el dispositivo se reinicie a sí mismo.
  c. DriverEntry sirve para ver los módulos activos en *Linux.*
  d. DriverEntry es una rutina que inicializa los *drivers* en *Windows.*

13. La función DbgPrint se usa en *Windows* para imprimir los mensajes de depuración.

  ☑ **Verdadero**
  ☐ Falso

14. Para compilar un fichero en *Windows* por pantalla se puede usar...

    a. ... gcc.
    b. ... *build.*
    c. ... *MsBuild.*
    d. Las opciones b y c son correctas.

15. Para cargar un módulo en el *kernel* de *Linux* se utiliza el comando...

    a. ... rmmod.
    b. ... lsmod.
    c. ... insmod.
    d. ... tar.

Solucionario 4

Desarrollo de componentes software para servicios de comunicaciones

Solucionario Capítulo 1

1. ¿En qué tipo de estado se encuentra un proceso que está esperando que se le asigne un procesador?

    a. Suspendido.
    b. En ejecución.
    c. Preparado.
    d. Terminado.

2. Relacione las siguientes frases:

    a. Programación concurrente.
    b. Programación paralela.
    c. Programación distribuida.

    b. Tipo de programación concurrente diseñada para ejecutarse en un sistema multiprocesador.
    a. Conjunto de acciones que pueden ser ejecutadas simultáneamente.
    c. Tipo de programación concurrente que está diseñada para ejecutarse en una red de procesadores autónomos que no comparten una memoria en común.

3. Un thread o hilo de ejecución es:

    a. Una entidad planificable con recursos independientes (registros, memoria y ficheros).
    b. Una función dentro de un programa.
    c. Un puntero a una función.
    d. Una secuencia de código planificable de forma independiente dentro de un proceso.

4. **El problema de sincronización de tareas concurrentes mediante una sección crítica plantea...**

    a. ... una parte del código que debe ejecutarse con máxima prioridad.

    b. ... una sección de código que solo puede estar siendo ejecutada concurrentemente por una tarea.

    c. ... una sección de código que solo puede ser ejecutada por una de las tareas.

    d. Todas las opciones son incorrectas.

5. **Señale si las siguientes frases son verdaderas o falsas:**

    a. Un sistema operativo multitarea permite ejecutar de forma concurrente múltiples tareas en una CPU.

       ☑ **Verdadera**
       ☐ Falsa

    b. Cuando el procesador está ocioso no ejecuta ningún proceso.

       ☐ Verdadera
       ☑ **Falsa**

    c. Los hilos de ejecución también se llaman procesos ligeros.

       ☑ **Verdadera**
       ☐ Falsa

6. **¿Qué tarea realiza el planificador?**

    a. Cambia de contexto.

    b. Expulsa el proceso actual en ejecución e introduce un nuevo proceso en el uso de la CPU.

    c. Decide cuál es el siguiente proceso preparado que debe usar la CPU.

    d. Todas las opciones son incorrectas.

7. **Una cola de planificación es:**

   a. Una lista de programas esperando que se les asigne recursos.
   b. **Una lista de procesos esperando en cada estado.**
   c. Una lista de recursos usados por los procesos del sistema.
   d. Una lista con todos los procesos esperando por cualquier recurso del sistema.

8. **¿Qué políticas de planificación define POSIX?**

   a. **Planificación basada en prioridades (FIFO y Round Robin, tiempo compartido o sin prioridades).**
   b. FCFS, SJF y Round Robin.
   c. Colas de prioridades, SRTF y Round Robin.
   d. FCFS, Round Robin y SRTF.

9. **La llamada al sistema wait() sirve para...**

   a. ... esperar la terminación del proceso hijo especificado como parámetro.
   b. **... espera a la terminación de un proceso hijo.**
   c. ... provoca que un proceso se bloquee al no liberar sus recursos.
   d. Todas las opciones son correctas.

10. **Rellene los huecos para que la frase tenga sentido.**

    La operación (V) **incrementa** el contador del semáforo, y si el resultado es **negativo** o cero **despierta** al proceso en la cola del semáforo.

11. **¿Cuándo se produce el interbloqueo entre procesos con recursos compartidos mediante semáforos?**

    a. Ninguno de los procesos accede a la sección crítica y queda en estado suspendido.
    b. Un proceso de mayor prioridad está en estado suspendido a la espera de uno de menor prioridad.
    c. Varios procesos acceden a dos recursos compartidos con dos semáforos de forma anidada no atómica.
    d. **Todas las opciones son correctas.**

12. Varios terminales acceden a una misma impresora, impleméntelo con semáforos.

```
Process terminal (i:integer)
Begin
        Repeat
        …..
        Resto (i);
        Wait ( semaforo )
        Usar impresora;
        Signal (semaforo )
        forerver
End;
```

13. Encuentre 5 palabras relacionadas con la concurrencia en el siguiente crucigrama.

F	G	T	Y	G	F	S	T	W	E
G	H	U	T	F	D	D	E	E	E
H	K	B	W	S	F	H	I	L	O
B	J	E	T	E	F	W	E	E	W
L	Y	R	R	M	H	E	E	T	D
O	T	I	W	A	J	W	D	E	D
Q	F	A	E	F	O	D	A	T	E
U	S	W	E	O	P	S	S	D	R
E	G	Q	E	R	I	D	A	G	W
O	A	W	R	O	Y	D	R	H	E
J	H	E	T	Y	T	U	E	J	W
F	J	E	E	W	T	U	T	H	F
F	R	E	G	I	O	N	E	S	D
E	I	I	C	D	A	S	E	Y	U
A	E	E	W	W	E	E	Q	E	W

14. Relacione los siguientes términos:

a. Dispositivo de bloque.
b. Dispositivo de caracteres.

a y b. Ratón.
CD-ROM.

15. Identifique para qué se utilizan los puertos lógicos siguientes: puerto 25, 110 y 1080.

Puerto 25: SMT. Puerto utilizado por SMTP *(Simple Mail Transfer Protocol),* o en español protocolo de transferencia simple de correo electrónico. Es el protocolo basado en texto que permite transferir correo electrónico entre diferentes computadoras, PDA's, celulares, etc.

Puerto 110: POP3. Puerto que utiliza el servicio POP3 *(Post Office Protocol 3),* que es el correo electrónico *offline.*

Puerto 1080: Socks. Aquí funciona el servicio Socks, el cual es un protocolo que permite a las aplicaciones cliente-servidor usar de manera transparente los servicios de un *firewall* de red.

Solucionario Capítulo 2

1. **Entre las ventajas de la programación en red se encuentran la...**

   a. ... escalabilidad.
   b. ... compartición de recursos.
   c. ... tolerancia a fallos.
   d. Todas las opciones son correctas.

2. **Relacione los siguientes términos:**

   a. Sockets.
   b. Rpc.
   c. Rmi.

   b. Invocación de procedimientos remotos.
   a. Puntos de comunicación que permiten el envío y la recepción de mensajes.
   c. Invocación de métodos remotos.

3. **¿De qué tres elementos consta un servicio web?**

   a. El servicio, el documento XML y la dirección de red.
   b. El interfaz, la dirección de red y el protocolo.
   c. El servicio, el documento XML y el protocolo.
   d. La dirección de red, el protocolo y el proveedor.

4. **Señale si las siguientes frases son verdaderas o falsas:**

   a. En MOM la comunicación es síncrona.

   ☐ Verdadera
   ☑ **Falsa**

   b. La base fundamental de los servicios web es XML.

   ☑ **Verdadera**
   ☐ Falsa

c. La operación suscribir en MOM permite a un proceso escuchar la difusión de mensajes.

☑ **Verdadera**
☐ Falsa

5. Rellene los huecos para que la frase tenga sentido.

Los siete niveles de red son: Nivel de **aplicación**, presentación, **sesión**, transporte, red, enlace y **físico**.

6. Relacione los siguientes términos:

a. Cable coaxial.
b. Par trenzado.
c. Cable de fibra óptica.

b. Se entrelazan para evitar la aparición de interferencias.
c. Conduce los impulsos de luz desde el emisor hasta el receptor.
a. Es un conductor de cobre rodeado de una capa aislante flexible.

7. ¿En qué se basa el método de detección y corrección de errores Hamming?

El método Hamming se basa en un algoritmo donde los bits pares se utilizan como bits de paridad y los impares como bits de información. A partir de esa información y con una serie de cálculos, es posible averiguar qué bit fallo y volver a poner el correcto.

8. Rellene los huecos en blanco en relación a qué mide el BER (Bit Error Rate).

El BER mide la relación entre los bits erróneos y los bits transmitidos, mediante la fórmula **erróneos/transmitidos**.

9. ¿Cuál es el método de contención en el que previamente al envío de datos se manda un mensaje?

    a. CSMA/CD.
    b. CSMA/CA.
    c. CSMA/CE.
    d. CSMA.

10. Identifique cinco palabras relacionadas con temas tratados en los niveles del modelo OSI.

F	G	E	T	H	E	R	N	E	T
G	H	U	T	F	D	D	E	E	E
H	K	B	W	S	F	H	I	L	O
B	J	E	T	E	F	W	E	E	W
L	Y	R	R	M	H	E	E	T	D
M	T	I	C	A	J	W	D	E	D
U	F	A	S	F	O	D	C	R	C
L	S	W	M	O	P	S	S	D	R
T	G	Q	A	R	I	D	A	G	W
I	A	W	R	O	Y	D	R	H	E
C	H	E	T	Y	T	U	E	J	W
A	J	E	E	W	T	U	T	T	F
S	R	E	G	I	O	N	E	C	D
T	I	I	C	D	A	S	E	P	U
A	E	E	W	W	E	E	Q	E	W

11. ¿Qué diferencia hay entre direcciones lógicas y físicas ?

La dirección física identifica a la tarjeta de red que tiene el equipo, mientras que la dirección lógica abstrae la dirección física, identificando al equipo dentro de la red a través del protocolo IP.

12. Señale si las siguientes frases son verdaderas o falsas:

   a. El protocolo TCP se considera más fiable que el UDP.

      ☑ **Verdadera**
      ☐ Falsa

   b. El protocolo ARP opera en el nivel de transporte.

      ☐ Verdadera
      ☑ **Falsa**

   c. 255 en binario es: 01111011

      ☐ Verdadera
      ☑ **Falsa**

13. Una red se divide en 8 subredes de clase B. ¿Qué máscara se necesita para tener 2500 host por subred?.

   a. 255.248.0.0.
   b. **255.255.240.0.**
   c. 255.255.248.0.
   d. 255.255.255.255.

14. Relacione los siguientes términos:

    a. Puertos conocidos.
    b. Puertos registrados.
    c. Puertos dinámicos.

    c. Van desde el 49152 al 65535.
    a. Van desde el 0 al 1023.
    b. Van desde el 1024 al 49151.

15. Rellene los espacios en blanco.

FTP normalmente utiliza el protocolo **TCP** y puerto **21**.

Solucionario Capítulo 3

1. **Relacione los siguientes términos:**

   a. Estándar de facto.
   b. Estándar de jure.
   c. Estándar de acuerdo.

   c. Alianzas entre proveedores.
   b. Hay un organismo que lo respalda.
   a. No son oficiales.

2. **¿Qué organismo definió el modelo de capas OSI?**

   a. ITU.
   b. ISO.
   c. IEEE.
   d. ITU-D.

3. **Rellene los huecos vacíos de la siguiente frase:**

   El protocolo **FTP** permite la transferencia de **ficheros** a través de la red.

4. **¿Qué estándar de comunicación inalámbrica suministra mayor velocidad?**

   a. 802.11n
   b. 802.11b
   c. 802.11g
   d. 802.11a

5. **Señale si las siguientes frases son verdaderas o falsas:**

   a. Bluetooth transmite a mayor velocidad que Wi-Fi.

   ☐ Verdadera
   ☑ **Falsa**

b. El estándar UMTS permite hacer videoconferencias a través del móvil.

☑ **Verdadera**
☐ Falsa

c. La red de área personal inalámbrica recibe el nombre de WPAN.

☑ **Verdadera**
☐ Falsa

6. Relacione los siguientes términos:

a. Tipo de socket Sock_stream.
b. Tipo de socket Sock_dgram.
c. Tipo de socket Raw.

b. Usa el protocolo UDP, no estando orientado a la conexión.
a. Se utiliza el protocolo TCP, estando orientado a conexión.
c. Sin protocolo de transporte.

7. Señale si las siguientes frases son verdaderas o falsas:

a. La función socket() crea un socket, indicándose la familia, tipo y protocolo.

☑ **Verdadera**
☐ Falsa

b. La función bin() conecta el socket con su destino.

☐ Verdadera
☑ **Falsa**

c. La función send() envía datos a un descriptor de socket.

☑ **Verdadera**
☐ Falsa

8. **¿Qué diferencia existe entre los métodos openStream() y openConnection()?**

> ■ OpenStream(): se abre un canal de comunicación con el recurso URL indicado y se devuelve un objeto inputStream a través del cual se pueden obtener datos.
>
> ■ OpenConnection(): se abre un socket y se crea una comunicación directa con el servidor.

9. **Relacione los siguientes términos:**

> a. Prueba de prestaciones.
> b. Prueba de conformidad.
> c. Prueba de interoperabilidad.

> **a.** Verificación de la capacidad de las comunicaciones.
> **b.** Cumplimiento con la normativa.
> **c.** Verificación de la relación con sistemas heterogéneos.

10. **¿Qué nombre recibe el formato de los logs del servidor Apache?**

> a. Logged.
> **b. Combined.**
> c. Formated.
> d. Encrypted.

11. **Indique para qué se utiliza el comando ping desde la consola del sistema operativo.**

Con este comando se envían paquetes a un equipo en concreto de la red y se ve si responde. Si responde se sabe que es accesible.

12. **Rellene los huecos vacíos de la siguiente frase:**

Los principales parámetros que se miden en Qos son rendimiento, **retardos,** pérdida de paquetes y **jitter.**

13. ¿Qué protocolo permite monitorizar dispositivos de red de manera pasiva?

    a. HTTP.
    b. SNMP.
    c. ICMP.
    d. POP.

14. Rellene los huecos vacíos de la siguiente frase:

El mecanismo **DiffServ** permite dar prioridades a determinados **paquetes** de datos frente a otros.

15. Identifique cinco palabras relacionadas con temas tratados en la programación de servicio de comunicaciones.

A	P	I	T	H	E	R	N	E	T
G	H	U	T	F	D	D	E	E	E
H	K	B	W	S	F	H	L	O	G
B	J	E	T	E	F	W	E	E	W
L	Y	R	R	M	H	E	E	T	D
M	T	I	C	S	J	W	D	E	D
U	F	A	S	O	O	D	C	R	C
W	S	W	M	C	P	S	S	D	R
I	G	Q	A	K	I	D	A	G	W
F	A	W	R	E	Y	D	R	H	E
I	H	E	T	T	T	U	E	J	W
A	J	E	E	W	T	U	T	T	F
S	R	E	G	I	O	N	E	C	D
T	I	I	C	D	A	S	E	P	U
A	E	E	W	W	E	E	U	D	P

Solucionario Capítulo 4

1. **Relacione los siguientes términos:**

    a. Packet sniffing.
    b. Spoofing.
    c. Tampering.

    b. Suplantación de identidad.
    a. Observar los paquetes que se transmiten por la red.
    c. Modificar los datos que se envían por la red.

2. **¿Cuál es la diferencia entre un ataque activo y uno pasivo?**

Los ataques activos, a diferencia de los pasivos, intervienen en la transmisión de la información, provocando inestabilidad en el sistema.

Los ataques pasivos se limitan a ir observando los paquetes que se van trasmitiendo por la red.

3. **El área de seguridad donde se protegen los datos transmitidos es el área de...**

    a. ... perímetro.
    b. ... canal.
    c. ... acceso.
    d. ... descanso.

4. **¿Qué permiten los cortafuegos?**

    a. Bloquean el tráfico que entra en la red.
    b. Que no haya siniestros graves en la empresa.
    c. Autorizan el tráfico que entra en la red.
    d. Las opciones a y b son correctas.

5. **El algoritmo criptográfico de transposición se basa en...**

   a. ... la sustitución de un bloque de datos por otro.
   b. **... el cambio del orden de los bloques de datos.**
   c. ... la eliminación del bloque de datos.
   d. Todas las opciones son correctas.

6. **Rellene la siguiente frase**

   La operación XOR entre 1 y 1 da como resultado **0**.

7. **¿En qué consiste el ataque de DOS (Denegación de Servicio).**

   Este ataque se basa en sobrepasar los recursos disponibles de un servicio en el ordenador remoto, provocando la supresión temporal de dicho servicio por mal funcionamiento.

8. **El algoritmo de cifrado DES utiliza...**

   a. **... claves privadas.**
   b. ... una clave privada y otra pública.
   c. ... claves públicas.
   d. Todas las opciones son incorrectas.

9. **Rellene la siguiente frase.**

   Los tres protocolos que se usan en IPSEC son **AH**, ESP e **IKE**.

10. **¿Entre qué capas se coloca el protocolo SSL?**

    a. Enlace y físico.
    b. Red y transporte.
    c. **Aplicación y transporte.**
    d. Todas las opciones son incorrectas.

11. En el protocolo SSL, ¿cuándo se envía el mensaje "digital cerficate request"?

    a. Al principio de la comunicación.
    b. Cuando el cliente solicita al servidor que le envíe su certificado.
    c. Cuando el servidor solicita al cliente que le envíe su certificado.
    d. No se envía nunca.

12. Relacione los siguientes términos:

    a. Fase de descubrimiento en conexión inalámbrica.
    b. Fase de autenticación en conexión inalámbrica.
    c. Fase de asociación en conexión inalámbrica.

    c. Se pueden usar los recursos y comunicarse con el resto de estaciones de trabajo.
    b. Se tiene que comprobar que el equipo puede conectarse a la red inalámbrica.
    a. El equipo tiene que encontrar un punto al que conectarse.

13. ¿Cuál no es un modo de conexión en las redes inalámbricas?

    a. Infraestructura.
    b. Ad-hoc.
    c. Bus.
    d. Todas las opciones son correctas.

14. El ataque Wi-Phishing pretende...

    a. ... cambiar la dirección MAC por una dirección física permitida en el sistema.
    b. ... suplantar la identidad de un punto de acceso Wi-Fi.
    c. ... apagar de forma súbita el PC.
    d. Todas las opciones son incorrectas.

15. Encuentre en la sopa de letras cinco términos asociados con la seguridad en las comunicaciones.

W	P	A	T	H	E	R	C	E	T
G	H	U	T	F	D	D	R	E	E
H	K	B	W	S	F	H	I	O	G
B	J	E	T	E	F	I	P	S	W
C	Y	R	S	M	H	E	T	T	D
O	T	I	P	S	J	W	G	E	D
R	F	A	O	O	O	D	R	R	C
T	S	W	O	C	P	S	A	D	R
A	G	Q	F	K	I	D	F	G	W
F	A	W	I	E	Y	D	I	H	E
U	H	E	N	T	T	U	A	J	W
E	J	E	G	W	T	U	T	T	F
G	R	E	G	I	I	P	S	E	C
O	I	I	C	D	A	S	E	P	U
S	S	L	W	W	E	E	U	D	P

Diseño de elementos software con tecnologías basadas en componentes

Solucionario Bloque 1 Capítulo 1

1. **En relación a la orientación a objetos, ¿qué afirmación es la más adecuada?**

   a. La ocultación de información dificulta la comprensión del código, ya que el programador no puede ver su implementación.
   b. Hace más compleja la reutilización, ya que obliga a tener que reescribir el código para cada clase.
   c. **El encapsulado de datos y procedimientos facilita la descomposición del sistema en elementos más pequeños.**
   d. Las aplicaciones creadas son difíciles de mantener, ya que los objetos están muy interconectados y cualquier cambio implica la modificación los demás.

2. **De las siguientes afirmaciones, indique cuál es verdadera o falsa.**

   a. La programación estructurada y modular son complementarias.

      ☑ **Verdadero**
      ☐ Falso

   b. La programación orientada a objetos es un complemento a la programación estructurada y modular.

      ☐ Verdadero
      ☑ **Falso**

   c. Una clase permite abstraer las características y el comportamiento de una entidad del mundo real.

      ☑ **Verdadero**
      ☐ Falso

   d. La ocultación impide que pueda diferenciarse el interfaz de la implementación.

      ☐ Verdadero
      ☑ **Falso**

3. **Complete la siguiente frase.**

Las aplicaciones orientadas a objetos están formadas por un conjunto de **objetos** que interaccionan entre sí enviándose **mensajes**. Los objetos similares se abstraen en **clases**, que son las que definen su comportamiento. Se dice que un **objeto** es una instancia de una **clase**.

4. **¿Qué término define el concepto de aislar un elemento de su contexto o del resto de los elementos que lo acompañan?**

    a. Visibilidad.
    b. Abstracción.
    c. Ocultación.
    d. Herencia.

5. **A la hora de definir la visibilidad de los elementos de una clase, indique la recomendación que es incorrecta.**

    a. Los atributos deberían ser privados, para que solo sean modificados mediante métodos de la propia clase.
    b. Los métodos que definan operaciones externas deben ser públicos.
    c. Los métodos que definan operaciones internas que van a ser utilizadas por las clases derivadas deberían ser privados.
    d. Es posible crear atributos públicos.

6. **De las siguientes afirmaciones, marque la incorrecta.**

    a. La abstracción y el encapsulamiento son conceptos similares.
    b. El encapsulado de datos y la ocultación son conceptos incompatibles.
    c. El encapsulado de datos y la ocultación se utilizan de manejan conjunta.
    d. El encapsulado de datos es un concepto fundamental de la orientación a objetos.

7. **Una ventaja de la programación orientada a objetos, con respecto a la programación estructurada presenta es que ...**

    a. ... las aplicaciones son más fáciles de mantener.
    b. ... las aplicaciones son más difíciles de mantener.

c. ... no se pueden reutilizar las clases definidas y probadas.

d. ... tiene la misma curva de aprendizaje que la programación estructurada.

8. **En relación con las ventajas de la orientación a objetos, asocie cada término con su correspondiente definición.**

    a. Ocultación.

    b. Encapsulado.

    c. Herencia.

    d. Fiabilidad.

    d. La posibilidad de realizar la prueba de manera independiente permite aislar con mayor facilidad los posibles errores que pudieran surgir.

    a. Las aplicaciones son más fáciles de mantener, ya que se ocultan los detalles de la implementación.

    c. Permite reutilizar su comportamiento sin necesidad de reescribir el código.

    b. Permite mayor nivel de abstracción y facilita la descomposición del sistema en elementos más pequeños.

9. **Defina los conceptos de interfaz e implementación.**

Interfaz: se corresponde con la visión externa de una clase. Es el conjunto de atributos y métodos que son accesibles por los demás elementos del sistema.

Implementación: se refiere a la parte oculta, atributos y métodos que no son visibles por otros objetos, y que permiten desarrollar el comportamiento deseado.

10. **Complete la siguiente frase.**

El tipo de acceso que se permite a **atributos** y **métodos** hace que se definan distintos niveles de ocultación. El **privado** hace que solo sean accesibles desde operaciones de la propia clase, el **protegido** permite el acceso desde la propia clase o desde clases derivadas y el **público** permite el acceso desde cualquier clase y desde cualquier parte del programa.

11. Si un atributo ha sido definido como "protected", ¿desde dónde se puede acceder a la información que contiene?

    a. Desde cualquier parte de la aplicación.
    b. Desde la propia clase y sus clases derivadas.
    c. Solo desde los métodos de la propia clase.
    d. Desde sus clases derivadas.

12. De los siguientes elementos, marque el que no pertenezca a la estructura de un mensaje.

    a. El método que es ejecutado en el objeto receptor.
    b. Los parámetros necesarios para ejecutar la acción.
    c. El objeto receptor que recibe la petición.
    d. El método que realiza la petición en el objeto emisor.

13. Complete la siguiente frase.

La principal diferencia de un mensaje con respecto a la llamada a una **función** de la programación tradicional está en la **obligación** que tienen los mensajes de identificar al objeto **receptor**; de hecho, la interpretación del mensaje será diferente dependiendo del **receptor**.

14. En relación a los Tipos Abstractos de Datos, indique la afirmación incorrecta.

    a. Aplican el principio de abstracción.
    b. También se denominan tipos de datos primitivos.
    c. Encapsulan datos y operaciones.
    d. Pueden ser definidos por el usuario.

15. Las instrucciones secuenciales, alternativas y repetitivas...

    a. ... solo se pueden utilizar en la programación estructurada.
    b. ... se usan únicamente en la programación estructurada y modular.
    c. ... no es recomendable que sean utilizadas en la orientación a objetos.
    d. ... son utilizadas tanto en la programación estructurada y modular como en la orientada a objetos.

Solucionario Bloque 1 Capítulo 2

1. ¿Cuál de las siguientes afirmaciones no es correcta en relación a las clases?

    a. **Es un concepto dinámico.**
    b. Es una plantilla de la que se pueden instanciar objetos.
    c. Encapsula características y operaciones comunes.
    d. Fija unos posibles estados y marca un comportamiento.

2. Complete las siguientes frases.

La palabra clave **new** es utilizada para crear los objetos de cada clase.

Cuando cada objeto de una clase mantiene su propia copia de un atributo, la variable que representa dicho atributo se conoce como **variable de instancia**.

Cada parámetro de un método debe especificar un **tipo de dato** y un **nombre**.

Se considera que las clases compiladas en un mismo directorio pertenecen al mismo **paquete**.

3. De las siguientes afirmaciones, indique cuál es verdadera o falsa.

    a. Una declaración "import" no es obligatoria cuando una clase de un paquete utiliza otra clase del mismo paquete.

        ☑ **Verdadero**
        ☐ Falso

    b. Si en la declaración de un método se incluyen paréntesis vacíos después de su nombre, estos indican que no requiere parámetros para realizar su tarea.

        ☑ **Verdadero**
        ☐ Falso

    c. Las variables declaradas en el cuerpo de un método se conocen como variables de instancia y pueden ser utilizadas en todos los métodos de la clase.

       ☐ Verdadero
       ☑ **Falso**

    d. En la llamada a un método, el número y el tipo de argumentos deben coincidir con los indicados en los parámetros de su declaración.

       ☑ **Verdadero**
       ☐ Falso

4. Complete la siguiente frase.

La utilidad de las clases **abstractas** es permitir que otras clases puedan **derivar** de ella, pudiendo proporcionar métodos ya implementados y métodos **abstractos** que deben ser implementados por sus clases **derivadas**.

5. Una interface se caracteriza principalmente por ...

    a. ... son métodos sin implementar.
    b. ... pueden incluir constantes.
    c. ... aseguran que varias clases tengan un mismo comportamiento.
    d. Todas las opciones son correctas.

6. Indique el modificador de acceso que habría que asignar a los atributos y a los métodos para que tuviesen el siguiente comportamiento.

    a. Que solo sean accesibles desde operaciones de la propia clase: **Private**.
    b. Permite el acceso desde la propia clase o desde clases derivadas: **Protected** .
    c. Permite el acceso desde cualquier clase y desde cualquier parte del programa: **Public** .
    d. Es establecido por defecto, permitiendo el acceso desde todas las clases del mismo paquete: **Package** .

7. **En relación al polimorfismo, marque la afirmación correcta.**

    a. También es conocido como enlace estático *(static binding)*.
    b. Cada método es asociado con su definición durante la compilación.
    c. El compilador no decide cuál será el método que se deba utilizar; esa decisión se toma en tiempo de ejecución.
    d. Permite mejorar el rendimiento, ya que el compilador puede generar un código más optimizado.

8. **Resuma el concepto de herencia simple, indicando además en qué consiste la herencia múltiple.**

La herencia permite definir una nueva clase (clase derivada o subclase) a partir de una o varias clases ya existentes (clases base o superclases).

Las clases que derivan de otras heredan automáticamente su comportamiento y además pueden introducir particularidades propias.

En la herencia múltiple, una clase puede tener más de una superclase, por lo que hereda los atributos y métodos de todas ellas.

9. **En relación a las interfaces, marque la afirmación que sea incorrecta:**

    a. Son declaraciones de métodos sin implementar.
    b. Pueden incluir constantes, que tienen que ser inicializadas en su declaración.
    c. No pueden asegurar un comportamiento común, ya que cada clase las podrá implementar de forma distinta.
    d. Una clase puede implementar una o varias interfaces.

10. **De las siguientes afirmaciones, indique cuál es verdadera o falsa.**

    a. De una clase abstracta no se pueden crear objetos.

        ☑ **Verdadero**
        ☐ Falso

b. De una clase final no se pueden crear clases derivadas.

☑ **Verdadero**
☐ Falso

c. Una subclase de una clase abstracta que no implemente todos los métodos abstractos definidos en la superclase también deberá ser definida abstracta.

☑ **Verdadero**
☐ Falso

d. Una clase que contenga algún método abstracto puede no ser declarada como abstracta.

☐ Verdadero
☑ **Falso**

11. **En relación a la gestión de excepciones, marque la respuesta incorrecta.**

a. Simplifican la implementación.
b. Permiten desarrollar aplicaciones más robustas.
c. Son clases, con una organización jerárquica.
d. **Tienen el inconveniente de no permitir la creación de excepciones propias.**

12. **Complete la siguiente frase.**

En Java la **modularidad** se consigue agrupando las **clases** en **paquetes,** con los que se crean **librerías** de clases que pueden ser reutilizadas entre aplicaciones. El propio lenguaje proporciona un conjunto de **librerías, clases** o **paquetes** conocidos como la **API** de Java.

13. **En relación a los constructores de Java, marque la respuesta correcta.**

a. **Debe inicializar las variables de estado del objeto.**
b. Son métodos especiales definidos para cada clase, que deben ser ejecutados de forma manual durante el proceso de creación de cada objeto.

c. Se encarga de liberar la memoria reservada para el objeto.

d. Puede incluir una llamada al constructor de su superclase en cualquier parte del código.

14. ¿Qué término define la característica de poder redefinir en las clases derivadas los métodos heredados de una superclase?

a. Modularidad.

b. Sobrescritura.

c. Polimorfismo.

d. Sobrecarga.

15. En relación a la genericidad, marque la respuesta incorrecta.

a. Tiene como objetivo independizar los algoritmos de los tipos de datos que utilicen.

b. Permite comprobar durante la compilación que los tipos de datos son compatibles.

c. Permite definir restricciones para los tipos que admitirá el algoritmo.

d. Requiere de diferentes implementaciones para los distintos tipos de datos que puede recibir.

Solucionario Bloque 1 Capítulo 3

1. Ordene cronológicamente los siguientes lenguajes de programación.

    4. Java.
    3. C++.
    1. Simula.
    5. C#.
    2. Smalltalk.

2. En relación al lenguaje C++, marque la afirmación incorrecta.

    a. Surge como una extensión del lenguaje C.
    b. Es un lenguaje compilado, cuyos ejecutables son independientes de la máquina donde se ejecuten.
    c. No es un lenguaje orientado a objetos puro.
    d. Sus clases son similares a las estructuras de C.

3. De las siguientes afirmaciones, indique cuál es verdadera o falsa.

    a. Los programas Java son directamente ejecutables.

        ☐ Verdadero
        ☑ **Falso**

    b. Java permite la programación multihilo, para ejecutar al mismo tiempo varios procesos en paralelo.

        ☑ **Verdadero**
        ☐ Falso

    c. Java es multiplataforma, por lo que no es obligatorio disponer de una máquina virtual para su ejecución.

        ☐ Verdadero
        ☑ **Falso**

d. Java SE permite el desarrollo de componentes Java que serán ejecutados en el servidor.

☐ Verdadero
☑ **Falso**

4. En relación al lenguaje Java, indique la afirmación correcta.

a. Utiliza punteros para la gestión dinámica de la memoria.
b. Presenta dificultades para el desarrollo con protocolos TCP/IP.
c. **Su sintaxis es similar a la de C y C++.**
d. Debe ser compilado para cada plataforma en que vaya a ser utilizado.

5. ¿Cuál de las siguientes opciones no corresponde a una herramienta de desarrollo IDE?

a. *NetBeans*
b. *Code::Blocks*
c. *Visual Studio*
d. ***Libre Office***

6. En relación al lenguaje C#, indique la afirmación incorrecta.

a. Su sintaxis es similar a la de C y C++.
b. **Ha sido diseñado para mantener compatibilidad con C y C++.**
c. Tras su compilación se genera un lenguaje intermedio, que será ejecutado por el entorno de .NET.
d. Permite encapsulación, herencia y polimorfismo.

7. Complete la siguiente frase.

Los programas Java son **interpretados** por una aplicación, que es conocida como **Máquina Virtual de Java** o **JVM**. El código fuente se **precompila**, generando un código intermedio conocido como **bytecode**.

8. Relacione los elementos correspondientes de cada columna.

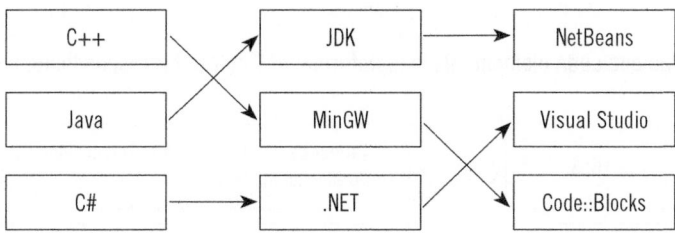

9. Indique qué elemento no pertenece a la plataforma .NET.

    a. Un conjunto de lenguajes de programación, como C#, J# o Visual Basic .NET.
    b. Una librería de clases independiente para cada uno de los lenguajes.
    c. Un sistema de ejecución de aplicaciones común a todos los lenguajes .NET.
    d. Una especificación común que deben cumplir todos los lenguajes que quieran ser compatibles con .NET.

10. Explique brevemente el proceso de compilación y ejecución en C++.

Un programa de C++ tiene que ser compilado en cada uno de los entornos en los que se vaya a utilizar, ya que el proceso de compilación genera un ejecutable dependiente de la plataforma.

11. Complete la siguiente frase.

El CLR ofrece un compilador **JIT** *(Just In Time),* que realizará una compilación en tiempo de ejecución de los archivos **de lenguaje intermedio** o **MSIL,** generando **código máquina** que será ejecutado directamente sobre **el sistema operativo** o **plataforma** donde se esté trabajando.

12. Explique brevemente el proceso de compilación y ejecución en Java.

La compilación en Java no genera un ejecutable, sino un código intermedio llamado *bytecode,* que puede ser ejecutado sobre cualquier Máquina Virtual de Java.

Cada plataforma tendrá su propia Máquina Virtual, pero todas ellas podrán ejecutar el mismo *bytecode* de Java, sin necesidad de tener que compilarlo para cada una de ellas.

13. Relacione cada elemento de la plataforma .NET con su correspondiente definición.

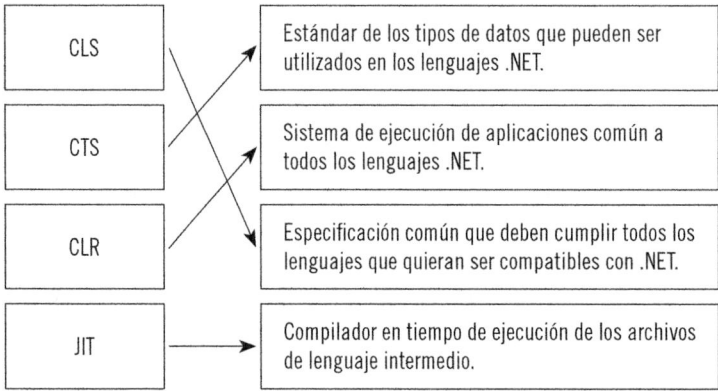

14. Identifique las cuatro herramientas principales que incluyen la mayoría de IDE, dispuestas según el orden en que se realiza cada tarea durante el proceso de desarrollo de una aplicación.

    1. Editor.
    2. Compilador.
    3. Montador o enlazador.
    4. Depurador.

15. De las siguientes afirmaciones, indique la que no sea correcta en relación a los IDE.

    a. Agilizan la realización de las tareas básicas.
    b. Presentan el código con un formato adaptado al lenguaje correspondiente.
    c. Durante la edición avisan de errores de sintaxis que producirán problemas de compilación.
    d. Son específicos para cada lenguaje de programación.

Solucionario Bloque 1 Capítulo 4

1. **Complete el siguiente párrafo.**

El lenguaje UML se compone de **elementos gráficos** que son combinados para formar **diagramas;** además, cuenta con una serie de **reglas** para combinar estos elementos. Tiene como finalidad representar diversas **perspectivas** o **modelo** de un sistema.

2. **Relacione cada grupo con los tipos de diagramas correspondientes.**

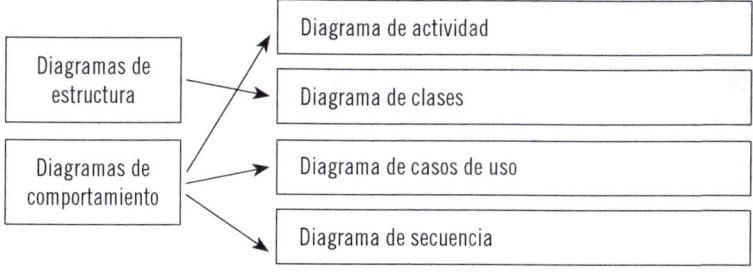

3. **Explique brevemente los principales elementos de un diagrama de casos de uso.**

   ▌ Actores: cualquier usuario, rol o aplicación que interactúa con el sistema.
   ▌ Casos de uso: describe las operaciones generales del sistema.
   ▌ Relaciones: enlazan a los actores y casos de uso o casos de uso entre sí.

4. **Complete el siguiente párrafo.**

En un diagrama de secuencia los **objetos** se representan como líneas discontinuas verticales y los **mensajes** como vectores horizontales. Los **mensajes** se dibujan de forma cronológica desde la parte superior a la parte inferior.

5. ¿Qué representa un diagrama de secuencia?

El diagrama de secuencia forma parte del modelo dinámico del sistema y representa la interacción entre los objetos que lo componen. Se modela para cada caso de uso y contiene detalles de su implementación, incluyendo los objetos y clases que se usan y mensajes pasados entre ellos.

6. Complete el siguiente párrafo.

El desarrollo del diagrama de clases se inicia a través de la información obtenida en los diagramas de **casos de uso** y de **secuencia,** y sirve para modelar la vista del diseño **estático** del sistema. El principal elemento de este diagrama es la **clase,** representada por un **rectángulo.**

7. Los diagramas que se modelan para cada caso de uso son los de ...

     a. ... clases.
     b. ... secuencia.
     c. ... casos de uso.
     d. ... de actividad.

8. En relación al diagrama de clases, indique la respuesta incorrecta.

     a. Identifica las clases del sistema y sus relaciones.
     b. Detalla cada uno de sus atributos, métodos y constructores.
     c. Contiene un símbolo para representar a cada uno de los modificadores de acceso *(# public, – private, + protected).*
     d. Permite representar distintos tipos de relaciones.

9. **Asocie cada tipo de relación del diagrama de clases con su correspondiente definición.**

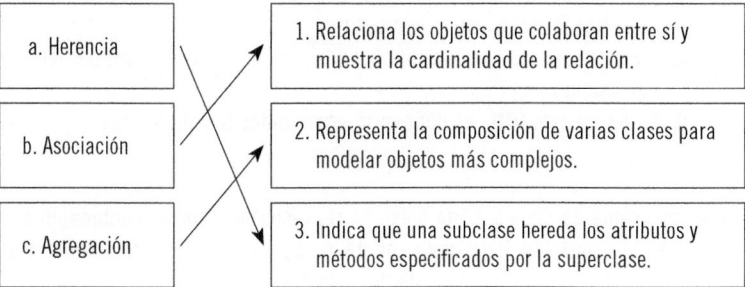

a. Herencia	1. Relaciona los objetos que colaboran entre sí y muestra la cardinalidad de la relación.
b. Asociación	2. Representa la composición de varias clases para modelar objetos más complejos.
c. Agregación	3. Indica que una subclase hereda los atributos y métodos especificados por la superclase.

10. **De las siguientes afirmaciones, relacionadas con el diagrama de estados, indique cuál es verdadera o falsa.**

a. Cada estado representa un mismo objeto en diferentes espacios de tiempo.

☑ **Verdadero**
☐ Falso

b. Los eventos representan incidentes que impiden a los objetos que cambien de estado.

☐ Verdadero
☑ **Falso**

c. Incluye un estado inicial y un estado final.

☑ **Verdadero**
☐ Falso

d. Las líneas de transición describen el movimiento desde un estado hasta otro. Cada línea de transición se nombra con el evento que causa dicha transición.

☑ **Verdadero**
☐ Falso

11. En relación a los diagramas UML, indique la respuesta incorrecta.

    a. Permiten que un sistema pueda examinarse desde distintos puntos de vista.

    b. Hay diagramas que están relacionados con la etapa de análisis, mientras que otros lo están con la de diseño.

    c. Permiten que las personas implicadas puedan tener enfoques particulares del sistema.

    d. En un modelo UML, es necesario crear todos los diagramas.

12. En un diagrama de clases, cada clase es representada por un rectángulo con tres divisiones horizontales. Para cada uno de los siguientes elementos, indique en qué orden se representaría (superior, media, inferior).

    ▮ Constructores: inferior.
    ▮ Atributos: media.
    ▮ Métodos: inferior.
    ▮ Nombre de la clase: superior.

13. En un diseño orientado a objetos, indique el orden en que realizaría los siguientes diagramas.

    <u>2.</u> Secuencia.
    <u>4.</u> Estados.
    <u>1.</u> Casos de uso.
    <u>3.</u> Clases.

14. Asocie cada tipo de diagrama con la afirmación que corresponda.

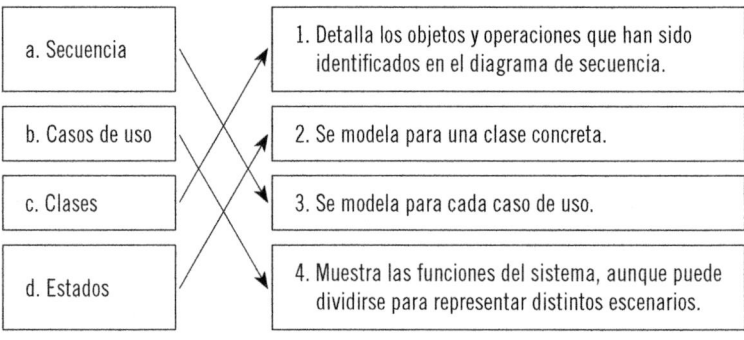

a. Secuencia	1. Detalla los objetos y operaciones que han sido identificados en el diagrama de secuencia.
b. Casos de uso	2. Se modela para una clase concreta.
c. Clases	3. Se modela para cada caso de uso.
d. Estados	4. Muestra las funciones del sistema, aunque puede dividirse para representar distintos escenarios.

15. En relación al diagrama de estados, complete las siguientes frases.

Un objeto es representado en diferentes espacios de tiempo a través del **estado.**

Los **eventos** representan incidentes por los que los objetos cambian de **estado.**

Es necesario incluir un estado **inicial** y un estado **final.**

El movimiento de un estado a otro se describe a través de **líneas de transición,** que se identifican con el **nombre del evento** que causa dicha transición.

Solucionario Bloque 2 Capítulo 1

1. **En relación al desarrollo de componentes, marque la afirmación incorrecta.**

   a. Toma como base la idea de reutilización.
   b. Oculta la implementación del componente.
   c. Solo permite composición con componentes que sean del mismo proveedor.
   d. Debe cumplir con un modelo que permita la interacción con otros componentes.

2. **De las siguientes características de un componente, señale la que no sea obligatoria.**

   a. Documentado.
   b. Accesible por su interfaz.
   c. Mantenido.
   d. Identificable.

3. **De las siguientes propiedades de un componente, marque la correcta.**

   a. Otros componentes del mismo proveedor tendrán acceso a su implementación.
   b. Dispone de un estado que pueda ser observado externamente.
   c. Es una unidad de despliegue independiente.
   d. No puede ser utilizado para componer otros sistemas.

4. **De las siguientes afirmaciones, indique cuál es verdadera o falsa.**

   a. Un componente puede contener varias clases.

   ☑ **Verdadero**
   ☐ Falso

   b. Una clase está limitada a ser parte de un único componente.

   ☑ **Verdadero**
   ☐ Falso

c. No es posible la dependencia entre componentes.

    ☐ Verdadero
    ☑ **Falso**

d. El nombre del componente puede ser utilizado para recuperar los objetos.

    ☐ Verdadero
    ☑ **Falso**

5. **Marque la opción correcta. Un componente podría estar formado por...**

a. ... un conjunto de clases.
b. ... objetos prototipo ya definidos.
c. ... objetos que permitan capturar el estado inicial y otros recursos del componente.
d. **Todas las opciones son correctas.**

6. **Complete la siguiente frase.**

Las superclases de una clase **no necesariamente tienen** que residir en el mismo componente. Cuando una clase tiene una superclase en otro componente, la relación de **herencia** entre estas dos clases **está fuera** de los límites del componente, obligando a una relación de **importación** entre ambos componentes.

7. **De las siguientes afirmaciones, indique cuál es verdadera o falsa.**

a. Los módulos empaquetan en una sola unidad múltiples entidades.

    ☑ **Verdadero**
    ☐ Falso

b. Cada módulo podrá contener varias clases.

    ☑ **Verdadero**
    ☐ Falso

c. Es posible crear instancias de un módulo.

☐ Verdadero
☑ **Falso**

d. Un módulo no debería ser una unidad de compilación.

☐ Verdadero
☑ **Falso**

8. Complete las siguientes frases.

Los módulos **no pueden** tener estado.

Los módulos no pueden ser calificados como componentes cuando tengan dependencias **estáticas** con otros módulos.

La modularidad pretende maximizar **la cohesión** de los módulos.

Con la modularidad es posible reducir **las dependencias** de los módulos.

9. Para que un componente pueda ser reutilizado debe ser ...

a. Accesible por sus servicios.
b. Accesible por su documentación.
c. **Accesible por su interfaz.**
d. Opaco.

10. Indique las dos formas que tiene un componente de proporcionar una interfaz.

Suministrar directamente la interfaz, como ocurre en las interfaces procedurales de las bibliotecas tradicionales.

Implementar objetos, que de forma indirecta proporcionarán sus interfaces.

11. De las siguientes afirmaciones, indique cuál es verdadera o falsa.

    a. La compatibilidad de versiones no es posible con las interfaces.

        ☐ Verdadero
        ☑ **Falso**

    b. Para versionar una interfaz, es necesario asignarle un número.

        ☐ Verdadero
        ☑ **Falso**

    c. Con el versionado de interfaces se pretende conseguir que componentes más antiguos puedan ser compatibles con otros más recientes.

        ☑ **Verdadero**
        ☐ Falso

    d. No es posible soportar varias versiones compatibles de una interfaz de manera simultánea.

        ☐ Verdadero
        ☑ **Falso**

12. Relacione cada tipo de versionado de interfaz con las afirmaciones que le correspondan.

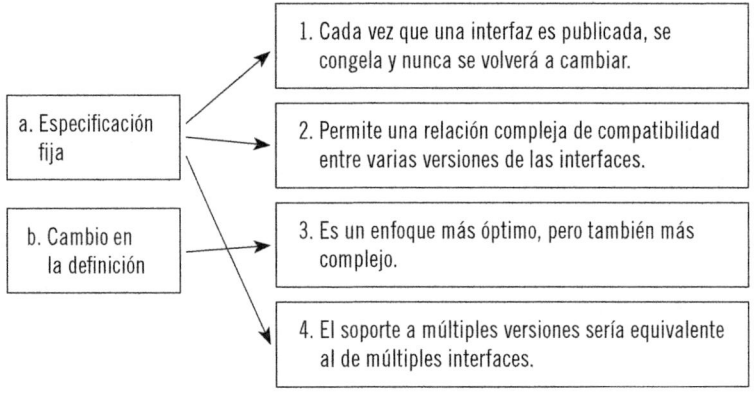

13. Entendiendo las interfaces como contratos, para cada afirmación indique si es verdadera o falsa.

a. El contrato no obliga al cliente que utiliza la interfaz, solo al proveedor.

☐ Verdadero
☑ **Falso**

b. El contrato no solo establece lo que debe implementar el proveedor, sino cómo lo debe implementar.

☐ Verdadero
☑ **Falso**

c. La especificación contractual mediante precondiciones y poscondiciones es capaz de detallar todo tipo de requerimientos.

☐ Verdadero
☑ **Falso**

d. Mientras una implementación respete sus contratos, las revisiones deberían pasar desapercibidas para los clientes.

☑ **Verdadero**
☐ Falso

14. En relación al escalado de componentes, marque la respuesta incorrecta.

a. Un sistema es independientemente extensible si puede ser ampliado y las ampliaciones pueden ser desarrolladas de manera independiente.
b. **Un sistema extensible no puede tener componentes propios, solo componentes que ya existan en el mercado.**
c. Es posible que un componente no proporcione por completo una funcionalidad y necesite extender la de otros componentes.
d. A la hora de escalar componentes, es recomendable que pertenezcan a la misma unidad de análisis.

15. Relacione cada término con su correspondiente definición.

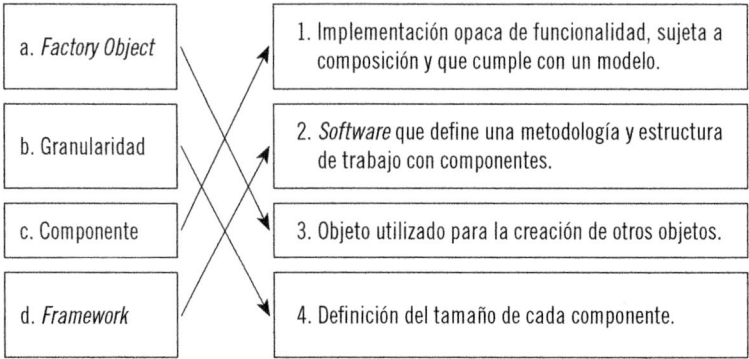

a. *Factory Object*

b. Granularidad

c. Componente

d. *Framework*

1. Implementación opaca de funcionalidad, sujeta a composición y que cumple con un modelo.

2. *Software* que define una metodología y estructura de trabajo con componentes.

3. Objeto utilizado para la creación de otros objetos.

4. Definición del tamaño de cada componente.

Solucionario Bloque 2 Capítulo 2

1. **En relación al concepto de arquitectura, marque la afirmación incorrecta.**

    a. Crea una base independiente que permite la participación de múltiples elementos en el sistema.
    b. Hace posible la cooperación de una serie de elementos independientes.
    c. Regula la interacción entre los componentes y su entorno.
    d. Proporciona una visión particular de un sistema concreto.

2. **Complete la siguiente frase.**

    Una arquitectura de componentes está formada por una **plataforma,** un conjunto de *frameworks* y un **diseño** de cómo interactúan estos *frameworks.*

3. **Una arquitectura...**

    a. ... requiere de una dependencia entre sus elementos, para impedir la participación de elementos externos.
    b. ... regula la interacción entre los componentes y su entorno.
    c. ... no debe definir las funciones de cada tipo de componente.
    d. ... debe estar enfocada a un lenguaje de programación concreto.

4. **En relación a los elementos que forman una arquitectura, indique cuál de las siguientes afirmaciones es verdadera o falsa.**

    a. Aunque las plataformas pueden ser reales o virtuales, en la práctica la mayoría son reales, ya que proporcionan mejor rendimiento.

    ☐ Verdadero
    ☑ **Falso**

    b. Una plataforma es la base que permite la instalación de componentes y *frameworks.*

    ☑ **Verdadero**
    ☐ Falso

c. Un *framework* de componentes es una arquitectura abierta, sin mecanismos ni reglas fijas a nivel de componentes.

     ☐ Verdadero
     ☑ **Falso**

d. El diseño de interoperación de *frameworks* comprende las reglas de interacción entre todos los *frameworks* que forman la arquitectura del sistema.

     ☑ **Verdadero**
     ☐ Falso

5. **De los siguientes elementos, marque el que no forme parte de una arquitectura de componentes.**

     a. *Frameworks* de componentes.
     b. Diseño de interoperación entre *frameworks*.
     c. **Componentes de aplicación.**
     d. Plataforma.

6. **De las siguientes afirmaciones, indique cuál es verdadera o falsa.**

a. A la hora de definir la manera en la que los objetos interactúan, habría que distinguir entre las relaciones "tiene un" y "usa un".

     ☑ **Verdadero**
     ☐ Falso

b. Si las relaciones de dependencia son cíclicas, requerirán de un despliegue simultáneo.

     ☑ **Verdadero**
     ☐ Falso

c. En una arquitectura de componentes, los componentes son las unidades elementales de implementación, versionado y sustitución.

     ☑ **Verdadero**
     ☐ Falso

d. Los componentes siempre tienen que ser desplegados en grupos.

☐ Verdadero
☑ **Falso**

7. Relacione cada concepto con su correspondiente definición.

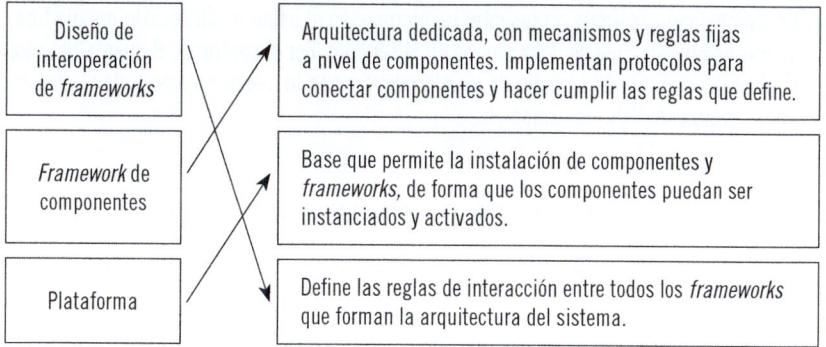

Diseño de interoperación de *frameworks*

Framework de componentes

Plataforma

Arquitectura dedicada, con mecanismos y reglas fijas a nivel de componentes. Implementan protocolos para conectar componentes y hacer cumplir las reglas que define.

Base que permite la instalación de componentes y *frameworks*, de forma que los componentes puedan ser instanciados y activados.

Define las reglas de interacción entre todos los *frameworks* que forman la arquitectura del sistema.

8. Las capas tradicionales ...

a. ... son de naturaleza más específica.
b. ... reducen el rendimiento.
c. ... son más específicas de la aplicación.
d. **Las opciones a y c son correctas.**

9. En relación a una arquitectura multicapa, marque la opción incorrecta.

a. Los componentes de un determinado nivel pueden comunicarse entre sí de forma directa.
b. Los componentes de un determinado nivel pueden comunicarse entre sí de forma indirecta a través del nivel superior.
c. En una arquitectura multicapa con varios niveles, cada nivel comparte sus capas inferiores con los niveles más bajos.
d. **Los términos capa y nivel en realidad se refieren al mismo concepto.**

10. Complete la siguiente frase.

En una arquitectura multicapa con varios **niveles,** cada nivel comparte sus **capas** inferiores con los **niveles** más bajos.

11. Para una arquitectura cliente-servidor de dos capas, indique la diferencia entre un cliente ligero y un cliente pesado.

Un cliente ligero se limita a presentar la información al usuario, sin realizar ningún tipo de procesamiento, que se lleva a cabo en el servidor. Por el contrario, el cliente pesado sí que realiza el procesamiento de la información, con lo que el servidor solo realiza el almacenamiento de la información.

12. En relación al *middleware,* indique la respuesta incorrecta.

   a. Middleware identifica un conjunto de *software* para interconexión de sistemas.
   b. Los productos *middleware* independientes tienen un gran auge en la actualidad.
   c. Están emergiendo los servidores especializados que combinan funciones de *middleware* con *frameworks* de componentes específicos.
   d. Es posible combinar *middleware* orientado a mensajes y orientado a objetos.

13. Complete la siguiente frase.

El *middleware* identifica el conjunto de **software** que se encuentra situado entre los **sistemas operativos** y una plataforma superior de programación **distribuida,** con lo que se facilita que puedan interactuar los **componentes** de una aplicación distribuida.

14. De las siguientes opciones, marque la que no se corresponda con una ventaja de las arquitecturas basadas en objetos distribuidos.

   a. Flexibilidad.
   b. Simplicidad del diseño.
   c. Arquitectura abierta.
   d. Escalabilidad.

15. **En relación a las arquitecturas basadas en objetos distribuidos, indique cuál de las siguientes afirmaciones es verdadera o falsa.**

    a. Debe definir claramente las funciones que deben desempeñar tanto los clientes como los servidores.

        ☐ Verdadero
        ☑ **Falso**

    b. Tienen como principal elemento los objetos, que suministrarán una serie de servicios a través de su interfaz.

        ☑ **Verdadero**
        ☐ Falso

    c. Los objetos podrán estar distribuidos sobre varias computadoras.

        ☑ **Verdadero**
        ☐ Falso

    d. Presentan el inconveniente de no poder crear sistemas flexibles y escalables.

        ☐ Verdadero
        ☑ **Falso**

Solucionario Bloque 2 Capítulo 3

1. ¿Cuál de los siguientes principios no es recomendable para el diseño de componentes?

   a. **Uso de dependencias cíclicas.**
   b. Reusabilidad.
   c. Configurabilidad.
   d. Abstracción.

2. De las siguientes afirmaciones, indique cuál es verdadera o falsa.

   a. Según el principio open/closed, una clase debe estar abierta a extensiones, pero cerrada a modificaciones.

      ☑ **Verdadero**
      ☐ Falso

   b. Para el diseño de componentes reutilizables, hay que tener en cuenta que el uso de componentes pesados facilitará su reutilización.

      ☐ Verdadero
      ☑ **Falso**

   c. A medida que aumenta el número de dependencias entrantes a un componente, también aumenta si inestabilidad.

      ☐ Verdadero
      ☑ **Falso**

   d. El diseño de componentes configurables facilitará su reutilización.

      ☑ **Verdadero**
      ☐ Falso

3. **Relacione cada especificación de servicios del modelo de componentes con su correspondiente definición.**

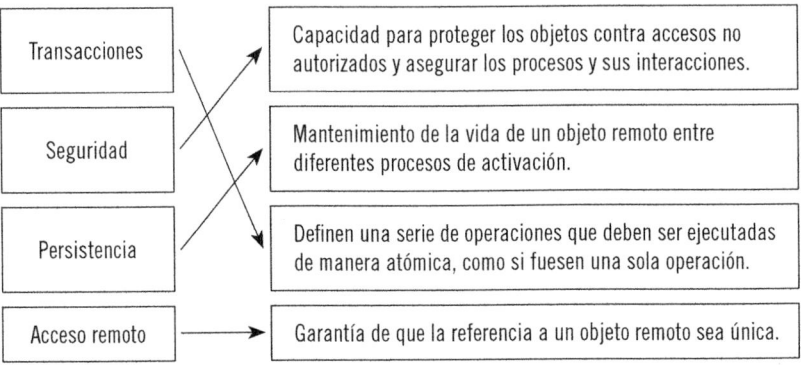

4. **De las siguientes afirmaciones, marque la que no se corresponda con un objetivo de los patrones de diseño.**

   a. Proporcionar soluciones innovadoras, que no han sido aplicadas anteriormente.
   b. Estandarizar la forma en que se lleva a cabo el diseño.
   c. Establecer un vocabulario que sea utilizado de forma común.
   d. Facilitar el aprendizaje a los nuevos diseñadores, concentrando el conocimiento ya existente.

5. **De los siguientes lenguajes, marque el que sea menos adecuado para llevar a cabo un desarrollo orientado a componentes.**

   a. Java.
   b. Pascal.
   c. C#.
   d. Component Pascal.

6. Complete la siguiente frase.

La comunicación entre componentes se controla mediante la definición de **interfaces.** Un componente debe ocultar su **implementación** y solo proporcionará información a través de su **interfaz.**

7. Relacione cada concepto con su correspondiente definición.

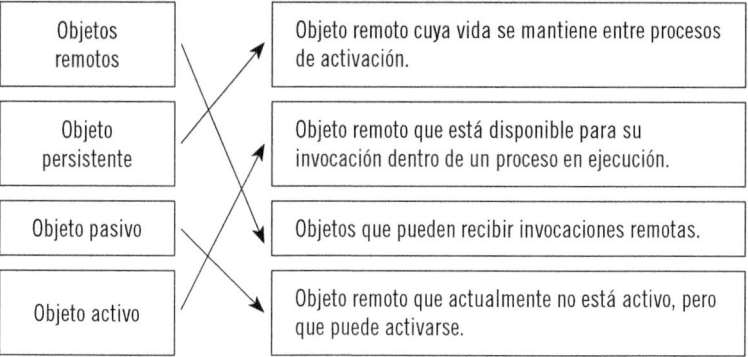

Objetos remotos	Objeto remoto cuya vida se mantiene entre procesos de activación.
Objeto persistente	Objeto remoto que está disponible para su invocación dentro de un proceso en ejecución.
Objeto pasivo	Objetos que pueden recibir invocaciones remotas.
Objeto activo	Objeto remoto que actualmente no está activo, pero que puede activarse.

8. Explique brevemente la principal diferencia entre la invocación a métodos remotos y la invocación a métodos locales.

Mientras que en la invocación a métodos remotos el objeto del método invocado se encuentra en un proceso diferente del que realiza la petición (sin importar que ambos procesos se ejecuten en la misma máquina o en máquinas diferentes), en la invocación a métodos locales el objeto del método invocado se encontrará en el mismo proceso que el que realiza la petición.

9. De los siguientes elementos, marque el que no intervenga en una invocación remota.

a. Módulo de referencia remota.
b. Software RMI (proxy, distribuidor, esqueleto).
c. Módulo de comunicación.
d. Registro de servicios.

10. De las siguientes afirmaciones, indique cuál es verdadera o falsa.

a. Un modelo de integración debe tener en cuenta la ubicación de los componentes dentro de la red, y la comunicación y las relaciones entre componentes.

☑ **Verdadero**
☐ Falso

b. El mensaje utilizado en la invocación tendrá que incluir una referencia al objeto remoto, cuya representación debe asegurar que dicha referencia sea única.

☑ **Verdadero**
☐ Falso

c. El servicio de localización hará posible que los clientes puedan localizar objetos remotos a partir de sus referencias.

☑ **Verdadero**
☐ Falso

d. En caso de tener que localizar un objeto que ha sido movido, o que no aparece en el servicio de localización, el sistema no dispone de ningún mecanismo para encontrarlo.

☐ Verdadero
☑ **Falso**

11. Los modelos de intercambio basados en objetos distribuidos presentan una serie de ventajas. Indique cuál de las siguientes es incorrecta.

a. Mayor flexibilidad a la hora de distribuir la funcionalidad.
b. Arquitectura abierta que permite integrar componentes que han sido desarrollados con distintos lenguajes.
c. Sistemas escalables que podrán atender el aumento de carga de trabajo del sistema.
d. **Menor complejidad respecto al modelo cliente-servidor.**

12. **Relacione cada uno de los estándares siguientes (utilizados para la comunicación con servicios web) con su correspondiente definición.**

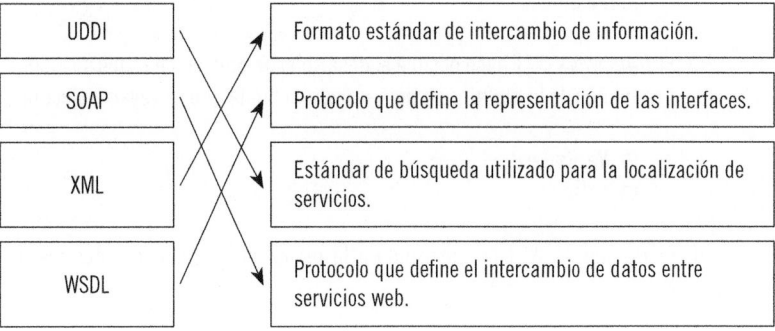

13. **Indique cuál de las siguientes opciones no corresponde con una tecnología relacionada con el desarrollo de componentes.**

    a. Corba
    b. NET
    c. COM
    d. DOM

14. **Complete la siguiente frase.**

Los EJB son una tecnología de componentes del lado **servidor,** que forman parte de **Java EE.** Se encuentran alojados en **contenedores,** que proporcionarán una serie de **servicios** en función del tipo de EJB utilizado.

15. **De las siguientes afirmaciones, indique cuál es verdadera o falsa.**

    a. COM permite el desarrollo de componentes utilizando cualquier lenguaje de programación.

        ☐ Verdadero
        ☑ **Falso**

b. Como evolución de la tecnología Active X, surge OLE.

    ☐ Verdadero
    ☑ **Falso**

c. El *framework* .NET hace posible el desarrollo de aplicaciones que son independientes de la plataforma de *hardware* sobre la que se vayan a ejecutar.

    ☑ **Verdadero**
    ☐ Falso

d. El *framework* .NET ha sustituido a la tecnología de componentes distribuidos DCOM.

    ☑ **Verdadero**
    ☐ Falso

Solucionario 6

Implementación e integración de elementos *software* con tecnologías basadas en componentes

Solucionario Bloque 1 Capítulo 1

1. Relacione los siguientes elementos.

    a. JavaBean.
    b. CORBA.
    c. DCOM.
    d. .NET.

    a. Arquitectura cliente-servidor.
    d. *Framework RAD.*
    c. Componentes distribuidos.
    b. RPC.

2. Ejemplos de modelos de componentes pueden ser:

    a. ActiveX/OLE.
    b. Java Beans.
    c. Orbix.
    d. Las opciones a y c son correctas.

3. Un *framework* define...

    a. ... las especificaciones de las interfaces de sus componentes.
    b. ... las especificaciones de los métodos de sus objetos.
    c. ... las especificaciones de las interfaces de los componentes con los que se relaciona.
    d. Las opciones a y c son correctas.

4. **Palabras cruzadas:** complete las definiciones relacionadas con características de la programación orientada a componentes y sitúe en el crucigrama las soluciones.

```
                                              P
                                              O
    C  O  N  T  R  A  T  O                    L
                E                             I
                F                             M
 R  E  U  T  I  L  I  Z  A  C  I  O  N
                E                             R
                X                             F
 S  E  G  U  R  I  D  A  D                    I
    V           O                             S
    E           N                             M
    N                                         O
    T
 C  O  M  P  O  S  I  C  I  O  N     T  A  R  D  I  A
```

- Funcionalidad en diferentes contextos. **Reutilización.**
- Capacidad de modificar su estado. **Reflexión.**
- Capacidad de propagar su estado. **Evento.**
- Condiciones de uso e implementación. **Contrato.**
- Garantías de respetar el contrato y las interfaces. **Seguridad.**
- Uso del componente por alguien ajeno al desarrollo, a partir de su contrato. **Composición tardía.**
- Capacidad de que diferentes componentes muestren el mismo comportamiento. **Polimorfismo.**

5. **Complete la siguiente frase.**

La principal función de **IDL** es describir la interfaz en un lenguaje **estándar,** que permita la comunicación entre **componentes,** independientemente del **lenguaje** en que estos hayan sido **creados** e **implementados.**

6. De las siguientes afirmaciones, indique cuál es verdadera o falsa.

a. El lenguaje de desarrollo de componentes se basa en el diseño de componentes reutilizables con interfaces bien definidas para comunicarse entre ellos.

☐ Verdadero
☑ **Falso**

b. Un componente es un elemento distribuible, empaquetable y realizado bajo estándares de funcionamiento y uso. En el caso de un objeto, solo es utilizable bajo las condiciones para las que fue creado.

☑ **Verdadero**
☐ Falso

c. Una interfaz es un conjunto de operaciones que se utiliza para especificar un servicio de un componente.

☑ **Verdadero**
☐ Falso

7. Las interfaces posibilitan que los componentes sean:

Reutilizables, mantenidos y que propaguen fácilmente sus modificaciones entre componentes.

8. En función del elemento que se necesite comunicar, la interacción entre componentes puede ser:

a. *RPC y Publish & Subscribe.*
b. IDL y Publicación y Subscripción.
c. RPC y CORBA.
d. Todas las opciones son incorrectas.

9. Una vez seleccionados los componentes, a la hora de adaptarlos o crearles extensiones, uno de los problemas que puede aparecer, como causa de incompatibilidad de interfaces, se denomina...

   a. Bindings.
   b. Mismatches.
   c. Forks.
   d. Todas las opciones son incorrectas.

10. ¿Cómo se denomina el "esqueleto" de una aplicación?

   a. API.
   b. Framework.
   c. Código fuente.
   d. Todas las opciones son incorrectas.

11. Complete los componentes del esquema de un componente.

Componente distribuible

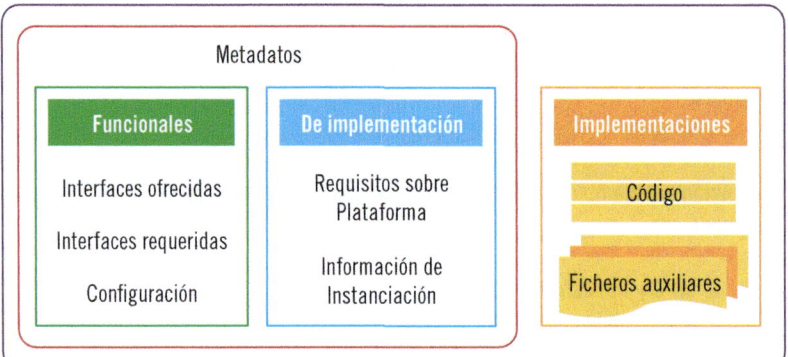

12. Complete la siguiente frase.

Se trata de un paradigma de la programación centrado en el **diseño** e implementación de **componentes,** aplicando, en concreto, los conceptos de encapsulación, **polimorfismo,** composición tardía y **seguridad.**

13. **Relacione los siguientes elementos relacionados con los tipos de contratos.**

   a. Distribución de *framework.*
   b. Composición heterogénea.
   c. Composición transitiva.
   d. Distribución de componentes.
   e. Extensión del *framework.*
   f. Composición simple.

   a. Un *framework* puede distribuirse dentro de otro *framework.*
   d. Los componentes ensamblados se deben incluir antes en el *framework* correspondiente.
   c. Permite el acceso desde el exterior a funcionalidades de componentes integrados en otros componentes.
   b. Se distribuyen los *frameworks* a modo de capas.
   e. Utiliza un *framework* trabajando como un componente más del sistema.
   f. El *framework* posibilita componentes trabajando dentro de otros componentes.

14. **Complete la siguiente frase.**

Un componente es una unidad de **composición** de aplicaciones *software* que posee un conjunto de **requisitos** y que ha de poder ser desarrollado, adquirido, **incorporado** al sistema y **compuesto** con otros componentes de forma **independiente** en tiempo y espacio.

15. Sopa de letras: busque siete modelos y plataformas de componentes.

J	A	P	L	O	U	W	E	S	D
L	O	V	T	O	N	.	T	C	E
H	J	A	V	A	B	X	O	A	I
T	H	O	R	A	I	M	W	I	N
.	N	A	E	B	A	V	A	J	O
N	D	R	R	R	B	N	I	O	X
E	V	O	.	O	C	V	Y	S	Y
T	H	T	A	C	T	I	V	E	X
E	D	C	O	N	C	O	R	B	E
T	X	B	I	N	D	I	N	G	S

Solucionario Bloque 1 Capítulo 2

1. **Seleccione las características del desarrollo de componentes de *software*.**

   a. **Aislamiento.**
   b. **Componibilidad.**
   c. Metodología funcional.
   d. **Opacidad.**

2. **Complete la siguiente frase.**

   La **reflexión** es una propiedad que permite que el **estado** de un componente se pueda representar como si fuese una **entidad** para poder manipularlo.

3. **¿A quién pertenece la siguiente cita?**

   "Modularización es la capacidad de dividir un programa en módulos que puedan ser compilados de forma separada, pero que tienen conexiones con otros módulos".

   Pertenece a Barbara Liskov.

4. **Relacione los siguientes elementos.**

   a. *Black-box.*
   b. *Grey-box.*
   c. *White-box.*
   d. *Cristal-box.*

   c. Su comportamiento es conocido y modificable.
   b. Su comportamiento es conocido y parcialmente modificable.
   a. Únicamente se conocen sus especificaciones.
   d. Su comportamiento se conoce, pero no se puede modificar.

5. **Relacione los siguientes elementos.**

   a. Autenticación.
   b. Control de acceso.
   c. Auditoría.
   d. Confidencialidad.
   e. Integridad.
   f. Disponibilidad.
   g. No repudio.

   a. Verificar la identidad de las entidades.
   g. Ubicar la confianza respecto al desenvolvimiento de una entidad en una comunicación.
   c. Registro cronológico de eventos.
   d. Filtrar la información a mostrar.
   e. Impedir la modificación de la información en el tránsito.
   b. Regular acceso sobre los recursos.
   f. Permitir acceso a las entidades autorizadas.

6. **Un componente instanciado indirectamente se define en tiempo de ejecución, pero no existe como objeto direccionable en tiempo de diseño.**

   ☐ Verdadero
   ☑ **Falso**

7. **Enumere los objetivos que posibilitan que un *software* se considere seguro.**

   ▌ Independencia de la seguridad.
   ▌ Independencia de la aplicación.
   ▌ Uniformidad.
   ▌ Modularidad.
   ▌ Ambiente seguro.
   ▌ Seguridad desde el comienzo.

8. Sopa de letras. Elementos en que pueden modularizarse los componentes.

L	S	P	B	O	Y	W	E	S	S
O	S	R	U	C	E	R	E	U	K
L	B	S	R	A	B	X	B	A	R
U	I	O	C	V	I	S	W	I	O
D	I	B	E	N	I	V	A	J	W
O	X	-	R	S	B	C	I	O	E
M	T	O	T	E	C	T	Y	P	M
Z	E	E	-	C	R	I	V	S	A
I	M	C	O	N	C	I	R	D	R
A	5	S	S	E	C	A	A	A	F

9. La compatibilidad de interfaz entre los puertos que están conectados permite a un componente existente en un sistema ser reemplazado por uno que, mínimamente, ofrece el mismo conjunto de servicios.

☑ **Verdadero**
☐ Falso

10. Complete la siguiente frase.

La propiedad de **despliegue independiente** presupone que un componente se puede desplegar en un sistema o **sustituir** a otro **componente,** sin que se vean afectadas las propiedades de los **elementos** con que se debe interconectar.

11. **En base al concepto del requisito de reemplazabilidad, si un componente que reemplaza a otro cumple las mismas funciones, pero no tiene las mismas especificaciones, ¿cuál es la solución?**

Incluir un componente adaptador.

12. **Represente el siguiente elemento en forma de caja negra.**

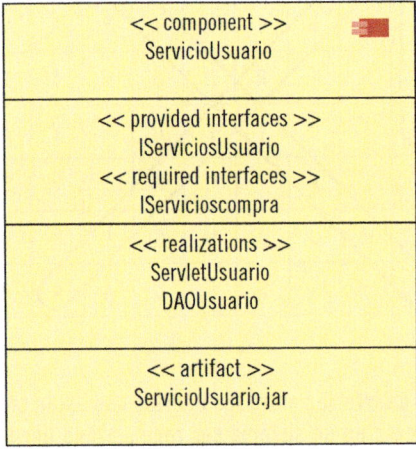

Solución

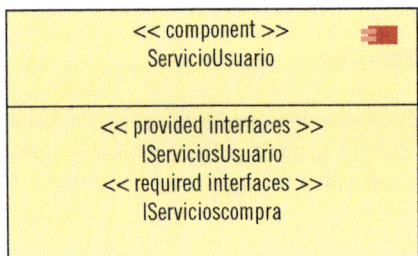

13. Relacione los siguientes elementos.

    a. Polimorfismo acotado.
    b. Polimorfismo paramétrico.
    c. Polimorfismo de inclusión.

    b. Se implementa en tiempo de ejecución.
    c. Se reemplaza en base al mismo *framework*.
    a. Combinación de los otros dos.

14. ¿Cuáles son los tipos de interacción entre elementos, desde el punto de vista de la separación entre implementación e interfaz de componentes de *software?* Cite, además, la clasificación de sus contratos.

    ▌ Interacción Componente-Componente: Contratos de Aplicación.
    ▌ Interacción Componente-*Framework:* Contratos de Sistema.
    ▌ Interacción *Framework-Framework:* Contrato de Interoperabilidad.

15. La propuesta de particionar un programa en componentes individuales para dividir el problema en problemas más pequeños y accesibles es de...

    a. ... **Meyer.**
    b. ... Szyperski.
    c. ... Sametinger.

Solucionario Bloque 1 Capítulo 3

1. Relacione los siguientes elementos:

    a. ORB
    b. CLR
    c. Bean

    c. Java
    b. Microsoft
    a. OMG

2. ¿Qué significan las siglas OMG en el entorno de las infraestructuras de componentes?

    a. Oriented Management GUI
    b. Object Management Group
    c. Oh My God

3. En el modelo de infraestructura orientado a conexión, la interacción entre componentes se realiza mediante:

    a. RPC Para los métodos, Publish & Subscribe para los eventos y Mensajes asíncronos.
    b. Publish & Subscribe para los métodos, RPC para las conexiones y Mensajes asíncronos para los eventos.
    c. Publish & Subscribe para los métodos, RPC para los eventos y Mensajes asíncronos.

4. **Complete:**

La orientación a **aspectos** es un intento de factorizar **código-aspecto** específico desde el código **funcional** e incrustar e integrar los fragmentos de código resultante dentro del código **real** para ser ejecutado.

5. **Relacione, dentro del modelo CORBA:**

     a. Core Object Model
     b. Reference Model

     a. ORB
     b. CORBA

6. **IUnknow define tres métodos:**

     a. QueryInterface, ppvObject y AddRef
     b. Addref, IDecrement y QueryInterface
     c. **QueryInterface, Release y AddRef**

7. **Complete la frase:**

En IDL CORBA, una aplicación cliente invoca un método remoto, y el resultado se devuelve a través del **ORB.**

8. **El proceso de traducción de parámetros de entrada en una referencia a un método remoto para que pueda ser transmitido por la red se denomina: <u>marshalling.</u>**

9. **Verdadero o falso: Un bean de sesión sin estado siempre hay que crear nuevas instancias para cada invocación de sesión.**

     ☐ Verdadero
     ☑ **Falso**

10. **Los dos métodos que contiene IClassFactory son:**

     ▮ CreateInstance
     ▮ LockServer

11. Verdadero o falso: Desde el punto de vista de COM, la única entidad definida en COM es la Interfaz.

     ☑ **Verdadero**
     ☐ Falso

12. Complete la frase:

CORBA IDL incluye **mapeos** estándares a los principales lenguajes de programación, garantizando la **independencia** de la plataforma, a través de su **lenguaje de especificaciones** independiente del **ORB**.

13. Relacione, para IDL CORBA

     a. Stub IDL
     b. Skeleton IDL

     a. Marshalling/unmarshalling
     b. Unmarshalling/marshalling

14. Verdadero o Falso: Un componente de COM es un binario, por lo que no se especifica ni el tipo de componente ni el lenguaje en el que debe implementarse.

     ☑ **Verdadero**
     ☐ Falso

15. Complete las definiciones, y sitúe en el crucigrama las soluciones.

```
. . . . . C . . . . . . . . . . . . .
. . . . . O . C . . . . . . . . . . .
. . . . . C . O . . . . . . . . . . .
. . . C . R . C . . . . . . . . . . .
. . C O G E T R C L A S S O B J E C T
. . . U . A . E . . . . . . . . . . .
C O I N I T I A L I Z E . . . . . . .
. . . I . E . T . . . . . . . . . . .
. . . N . I . E . . . . . . . . . . .
. . . I . N . I . . . . . . . . . . .
. . . T . S . E . . . . . . . . . . .
. . . I . T . S . . . . . . . . . . .
. . . A . A . T . . . . . . . . . . .
. . . L . N . A . . . . . . . . . . .
. . . I . C . N . . . . . . . . . . .
. . . Z . E . C . . . . . . . . . . .
. . . E . E . E . . . . . . . . . . .
. . . . . X . . . . . . . . . . . . .
```

Solucionario Bloque 1 Capítulo 4

1. Seleccione las partes de un mensaje enviado a un objeto.

   a. **Nombre del método.**
   b. **Identificador del receptor.**
   c. *Broadcast.*
   d. **Argumentos.**

2. Relacione los siguientes elementos.

   a. Constructor.
   b. Destructor.
   c. Seleccionar.
   d. Modificar.

   b. Libera recursos y destruye el objeto.
   c. Accede al estado del objeto.
   a. Crea e inicializa un objeto.
   d. Cambia el estado de un objeto.

3. ¿A quién pertenece la siguiente cita?

   "La POO es un método de implementación en el que los programas se organizan como colecciones cooperativas de objetos, donde cada uno de ellos representa una instancia de alguna clase y cuyas clases son miembros de jerarquías de clases unidas a través de una relación de herencia".

   A Grady Booch.

4. Cite las cinco fases propuestas como metodología de diseño de un sistema basado en POO.

   1. Captura de Requisitos.
   2. Análisis.
   3. Diseño.
   4. Implementación.
   5. Pruebas.

5. Complete la siguiente frase.

Un objeto puede ser solicitado, a través de sus **interfaces,** para realizar un **servicio** requerido por un cliente (objeto), mediante el envío del **mensaje** apropiado. Esto es lo que se llama paradigma **objeto/mensaje.**

6. Relacione los siguientes elementos.

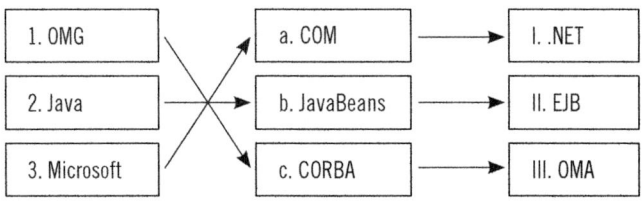

7. De las siguientes afirmaciones, diga cuál es verdadera o falsa.

a. Una consecuencia de las duraciones variables de los enfoques es la diferencia en la variedad de productos en los mercados actuales. Hay miles de objetos beans en el mercado, pero aún un número escaso de ActiveX.

      ☐ Verdadero
      ☑ **Falso**

b. CORBA presenta un framework de componentes que integra varios servicios de objetos.

      ☑ **Verdadero**
      ☐ Falso

8. Señale qué infraestructura es más fuerte para cada caso.

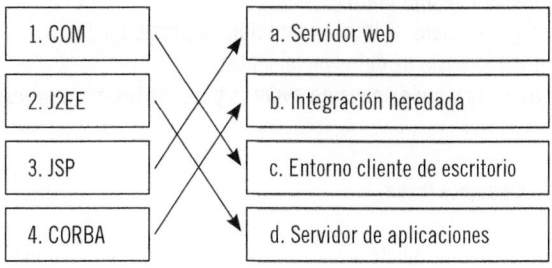

9. ¿Cuál o cuáles de esas infraestructuras poseen un modelo de componentes *web services?*

    a. CORBA.
    b. J2EE.
    c. .NET.
    d. COM.

10. Ordene los pasos a seguir en la fase de implementación del desarrollo de aplicaciones basadas en componentes.

    a. Asignar ejecutables a nodos del diagrama de despliegue.
    b. Integrar los componentes en el sistema, bajo el enfoque incremental.
    c. Implementar el código fuente de clases en los componentes.
    d. Realizar pruebas unitarias de componentes, remodelar y reagrupar.

Secuencia ordenada: 3-1-4-2.

11. Complete la siguiente frase.

Todos los modelos intentan aproximarse al modelo de **configuración dinámica** de **COM**, en el que los objetos de componentes pueden mostrarse a sí mismos en sus propios clientes a través de **múltiples objetos distintos**.

12. Las infraestructuras de componentes, en su mayoría, soportan...

    a. ... manejo de metadatos.
    b. ... algún modelo de implementación de persistencia.
    c. ... transferencia de datos incremental.
    d. ... eventos y conexiones de eventos y multidifusión *(multicast)*.

13. Complete la siguiente frase.

La interfaz de una clase puede ser, en función de su visibilidad, implementada de tres formas, no excluyentes entre sí: **pública,** que implementa las declaraciones de forma que sean visibles a todos los usuarios de la clase, **protegida,** que son visibles para la propia clase y sus subclases, y **privada,** que son implementaciones visibles únicamente por la clase en la que se declararon.

14. Los objetos, según la perspectiva de Liskov, se implementan a partir de tipos abstractos de datos construidos como clases en el sistema, a partir de su...

    a. ... composición y estructura.
    b. ... interfaz e implementación.
    c. ... características externas y funcionamiento interno.
    d. Las opciones b y c son correctas.

15. Enumere y defina brevemente, según la perspectiva desarrollada por Khosafian, los cuatro tipos de métodos.

    ▌ De acceso: extraen los valores de las variables.
    ▌ De actualización: modifican el estado o valor de una variable.
    ▌ Constructores y destructores: crean o eliminan objetos del sistema.

Solucionario Bloque 1 Capítulo 5

1. **La reutilización de componentes debe permitir que los componentes puedan ser configurados...**

   a. ... en el proceso de desarrollo.
   b. ... en el proceso de despliegue.
   c. ... en el proceso de especialización.
   d. **Las opciones a y b son correctas.**

2. **Relacione los niveles de especialización de productos.**

   a. De funcionalidades.
   b. De entorno.
   c. De plataforma.
   d. De proceso.

   b. Gestión de periféricos.
   c. Sistema operativo.
   a. Atendiendo al rol.
   d. Proceso de negocios.

3. **¿Qué técnicas favorecen la creación de componentes reutilizables?**

   a. Manejo interno de excepciones.
   b. Establecer interfaces para interdependencias entre componentes.
   c. Crear wrappers para todos los componentes.
   d. **Añadir métodos con funcionalidades genéricas.**

4. **Indique si la siguiente afirmación es verdadera o falsa.**

   Los servicios distribuidos en CORBA (COS) facilitan la integración e interoperabilidad entre objetos.

   ☑ **Verdadero**
   ☐ Falso

5. **IDL COM posee características de POO, tales como...**

   a. ... polimorfismo, herencia múltiple y encapsulación.
   b. ... encapsulación, polimorfismo y tablas virtuales.
   c. **... encapsulación, polimorfismo y herencia simple.**
   d. Todas las opciones son incorrectas.

6. **El componente vital para las negociaciones de interfaz en MIDL es:**

   a. IUnknow.
   b. Serializable.
   c. **Todas las opciones son incorrectas.**

7. **Relacione los siguientes elementos.**

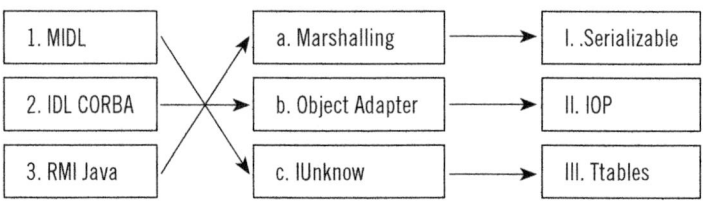

8. **El protocolo IOP posee información sobre...**

   a. **... tipo de objeto.**
   b. ... tamaño del objeto.
   c. **... servidor del objeto.**
   d. **... puerto asociado.**
   e. ... punteros del objeto.
   f. **... clave del objeto.**

9. **Relacione los siguientes elementos.**

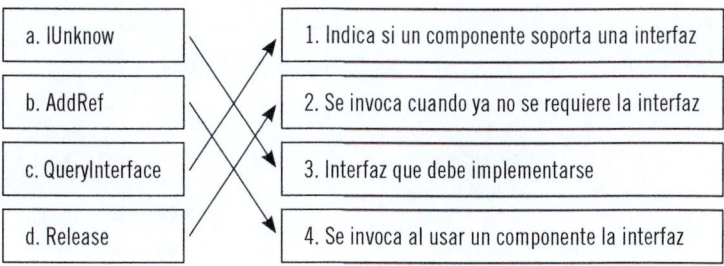

a. IUnknow	1. Indica si un componente soporta una interfaz
b. AddRef	2. Se invoca cuando ya no se requiere la interfaz
c. QueryInterface	3. Interfaz que debe implementarse
d. Release	4. Se invoca al usar un componente la interfaz

10. **¿Qué elemento falta en la imagen?**

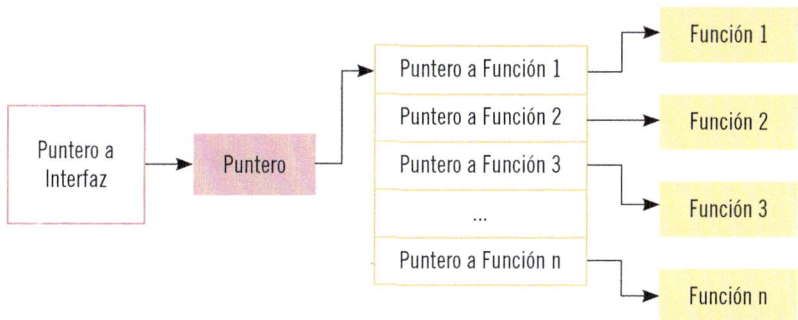

11. ¿Qué elementos faltan en la imagen?

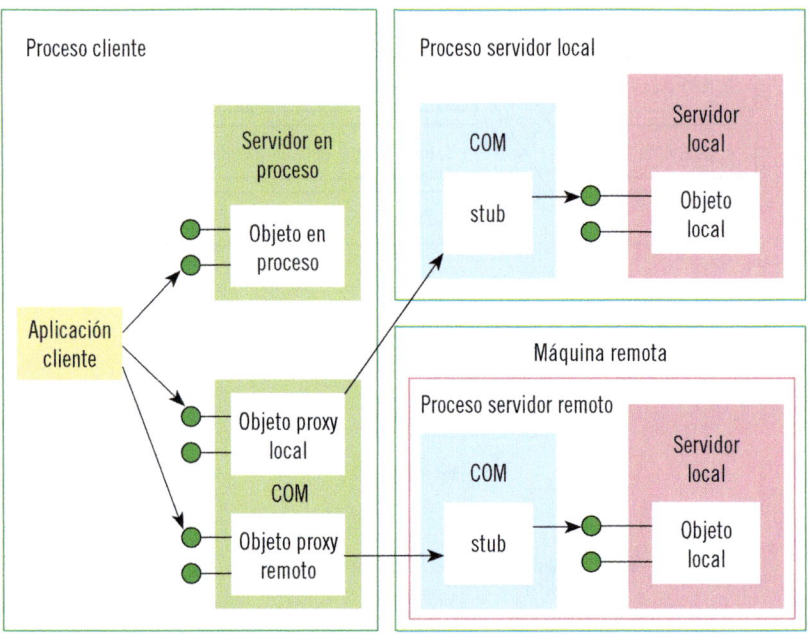

12. Complete la siguiente frase.

El protocolo **SOAP** define el modo en que dos objetos en diferentes procesos pueden comunicarse a través de **XML**, mediante el protocolo **XML-RPC**.

13. ¿Qué elementos faltan en la imagen?

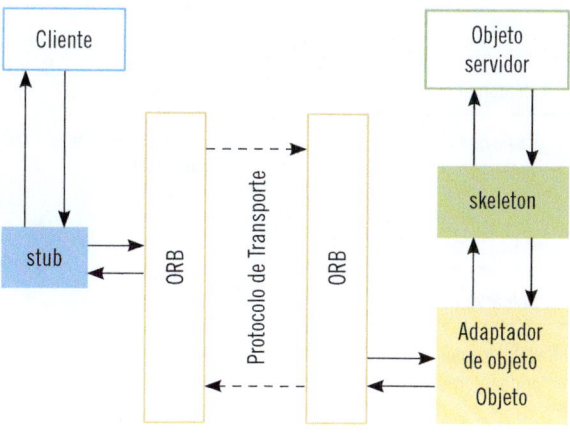

14. Identifique cada imagen con los modelos correspondientes.

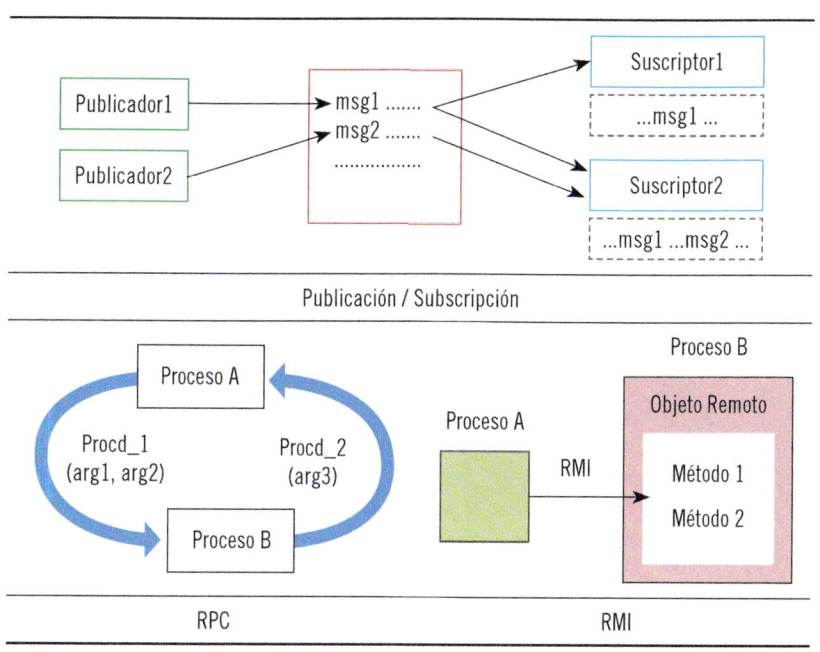

15. ¿Qué elementos faltan en la imagen?

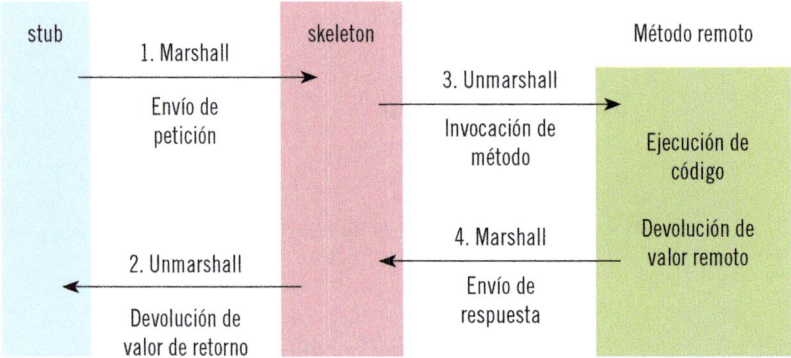

Solucionario Bloque 1 Capítulo 6

1. Relacione los siguientes elementos.

   a. Capa aplicación cliente.
   b. Capa de negocio.
   c. Capa de datos.

   b. Se encarga de realizar la lógica del programa.
   c. Los componentes de esta capa interactúan con la base de datos.
   a. En esta capa están los componentes que conforman la interfaz gráfica.

2. ¿Cuál es la diferencia entre capa y nivel?

   Las capas identifican la división lógica de una aplicación en módulos, mientras que los niveles identifican cómo esas capas lógicas se distribuyen físicamente.

3. ¿Cuál de los siguientes es un servidor web?

   a. Apache.
   b. Internet Information Server.
   c. Sun Java System Web Server.
   d. Todas las opciones son correctas.

4. De las siguientes afirmaciones, indique cuál es verdadera o falsa.

   a. Los *scripts* de las páginas dinámicas se ejecutan en el cliente.

   ☐ Verdadero
   ☑ **Falso**

   b. El código ASP está incluido entre el código HTML.

   ☑ **Verdadero**
   ☐ Falso

c. El lenguaje de desarrollo de JSP es Java.

☑ **Verdadero**
☐ Falso

5. Complete el siguiente texto.

J2EE en realidad es un **estándar** y no un producto, siendo las empresas de software las encargadas de **implantar** las soluciones.

Los servidores J2EE trabajan con tecnología **Java,** lo que permite que los desarrollos puedan ser **multiplataforma** sin necesidad de realizar cambios importantes en las configuraciones.

6. Relacione los siguientes elementos.

a. *Weblogic.*
b. *Jboss.*
c. *Websphere.*

c. Servidor de aplicaciones desarrollado por IBM.
a. Servidor de aplicaciones desarrollado por Oracle. Se puede ejecutar en *Unix, Windows* y otras plataformas.
b. Servidor de aplicaciones de código abierto desarrollado en Java puro. Es multiplataforma.

7. ¿Qué define el modelo MVC?

En la capa de aplicación de cliente, con este modelo se divide completamente lo que se visualiza, de la lógica de control de los datos introducidos y de la lógica de negocio que procesa dicha información.

8. ¿Cuál es responsabilidad de los componentes del interfaz de usuario?

a. Adaptar los datos al formato necesario.
b. Limitar los valores que se pueden introducir en ciertos campos.
c. Acceder a la base de datos.
d. Las opciones a y b son correctas.

9. Complete la siguiente frase.

Tanto los applets de **Java** como los ActiveX son componentes que se descargan del **servidor** junto con el código **HTML** de la página solicitada y que se ejecutan en el **cliente**.
Normalmente presentan una interfaz **gráfica** que permite la interacción con el usuario.

10. ¿Qué significan las siglas OLE?

a. **Object Linking and Embedding.**
b. *Object Lenght and Embedding.*
c. *Object Linking and Exchange.*
d. Todas las opciones son incorrectas.

11. Cuando se enlaza un documento dentro de otro documento...

a. **... se modifica el documento original.**
b. ... no se modifica el documento original.
c. ... pregunta si se quiere modificar el documento original.
d. Todas las opciones son incorrectas.

12. Describa brevemente qué mecanismo se utiliza para llamar a un servicio web.

El servicio web se instancia a través de SOAP *(Simple Object Access Protocol)* y se basa en el envío y recepción de mensajes en XML *(Extensible Markup Language)*, que es un lenguaje de marcas desarrollado por W3C *(World Wide Web Consortium)* utilizado para almacenar datos de una manera legible.

13. Relacione los siguientes elementos.

a. XML.
b. WSDL.
c. UDDI.

a. Sintaxis común para la interacción entre los elementos del servicio web.
b. Define las interfaces del componente que define el servicio web, a través de XML.
c. Son documentos que incluyen los servicios web publicados.

14. ¿Qué tipo de aplicaciones están diseñadas para el sistema operativo del dispositivo móvil con el que se va a trabajar?

  a. Aplicaciones web.
  b. Aplicaciones híbridas.
  c. **Aplicaciones nativas.**
  d. Todas las opciones son incorrectas.

15. Encuentre en la sopa de letras cinco palabras relacionadas con técnicas específicas de desarrollo con componentes.

A	G	C	D	A	P	A	C	H	E
I	E	D	H	D	N	J	S	H	H
X	M	L	N	P	T	K	D	N	J
P	R	H	M	O	J	H	A	G	E
G	U	H	O	P	A	H	E	F	E
F	Y	I	I	E	V	G	W	D	T
B	T	B	I	R	A	Q	Q	F	R
C	U	R	P	Y	B	E	Y	G	E
F	Y	I	C	Y	E	R	T	Y	Q
D	T	D	V	T	A	T	R	T	W
R	H	A	B	Y	N	U	Y	U	E
R	N	S	N	U	S	K	R	I	E
Y	M	G	M	I	D	L	Y	L	S
U	R	H	L	T	R	J	T	K	F
I	O	R	E	R	F	S	O	A	P

Solucionario Bloque 1 Capítulo 7

1. ¿Qué es la API POSIX?

    a. Un IDE.
    b. Una interfaz de programación portable para Unix.
    c. Un *software*.
    d. Las opciones a y b son correctas.

2. ¿Cuáles son los elementos mínimos que debe aportar un IDE?

    a. Editor de código, depurador, compilador e intérprete.
    b. Editor de código, depurador, compilador y control de versiones.
    c. Inspector de librerías, comprobador de sintaxis y explorador de proyecto.
    d. Todas las opciones son incorrectas.

3. De las siguientes afirmaciones, indique cuál es verdadera o falsa.

    a. El entorno de desarrollo oficial para Android es Eclipse.

        ☑ **Verdadero**
        ☐ Falso

    b. Oracle Forms Developer es un IDE de Oracle.

        ☐ Verdadero
        ☑ **Falso**

    c. JVM es el acrónimo del Java Virtual Machine.

        ☑ **Verdadero**
        ☐ Falso

    d. Los módulos de Java pueden empaquetarse en tres tipos de archivos: JAR, WAR y MAR.

        ☐ Verdadero
        ☑ **Falso**

4. Los componentes de la plataforma Java (JRE) son (marcar más de uno si es necesario):

    a. **JVM.**
    b. JIT.
    c. **API de Java.**
    d. JDK.

5. Complete la siguiente frase.

Un sistema compuesto de N capas implica que el desarrollo de la **aplicación** se realiza implementando una separación de **funcionalidades** o **localizaciones**. Java propone un modelo de **tres** capas: **Client-Tier, Buiness-Tier** y **Web-Tier.**

6. Relacione los siguientes elementos.

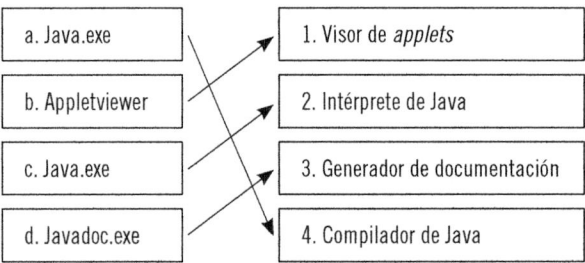

a. Java.exe	1. Visor de *applets*
b. Appletviewer	2. Intérprete de Java
c. Java.exe	3. Generador de documentación
d. Javadoc.exe	4. Compilador de Java

7. Para comprobar la versión instalada de Java, se usa el comando...

    a. ... javac –version.
    b. ... java –version.
    c. ... **java –v.**
    d. Todas las opciones son incorrectas.

8. Complete la siguiente frase.

En .NET, el compilador **JIT** convierte el código procedente de lenguajes compatibles en el lenguaje intermedio **CLI**, transportable sobre la plataforma **CLR.**

9. **Complete el siguiente diagrama.**

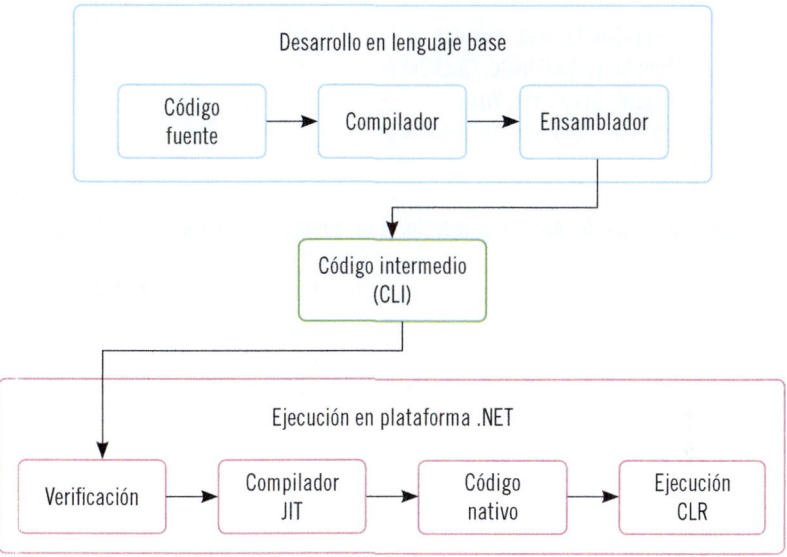

10. **Relacione, a partir de los namepaces de primer nivel de .NET.**

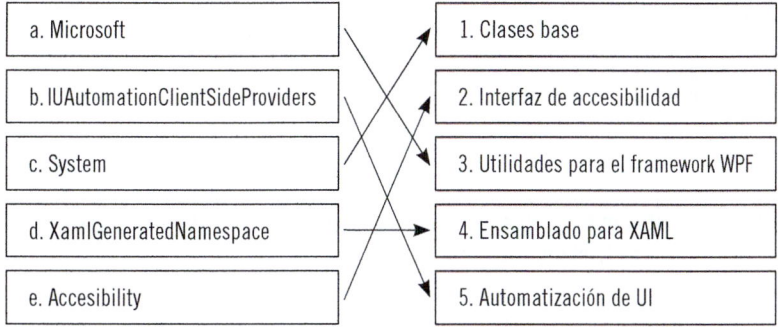

11. **Los métodos para instalar el framework .NET sin acceso a la misma desde la red local son:**

    a. **InstallShield, WIX, manual.**
    b. Manual, InstallShield, ClickOnce
    c. Manual, ClickOnce, WIX.
    d. Todas las opciones son incorrectas.

12. **¿Cuáles son los métodos para acceder a un componente dentro de un repositorio?**

    Texto libre, descriptivo, topológico, semántico, estructural y basado en XML.

13. **Indique qué contiene cada carpeta del repositorio de un IDE, de forma general.**

    a. Application. Aplicaciones en desarrollo.
    b. Components. Descripción de componentes.
    c. Interfaces. Descripción de interfaces.
    d. Platforms. Información sobre plataformas de despliegue.
    e. Schemas. Información de contenido y formato de XML.
    f. Technology. Información sobre tecnología de componentes.

14. **¿Cuál es la propiedad que permite que se pueda representar el estado de los elementos de un sistema como entidades? ¿De qué tipos puede ser?**

    La propiedad de la reflexión. Dicha propiedad de reflexión puede ser de dos tipos: de comportamiento y estructural

15. **Los metadatos que usa el agente de despliegue para escoger una implementación compatible con la plataforma son:**

    a. Metadatos funcionales.
    b. **Metadatos de implementación.**
    c. Metadatos de despliegue.
    d. Todas las opciones son incorrectas.

Solucionario Bloque 2 Capítulo 1

1. **Cuando la comunicación se establece entre procesos, la clasificación en función del número de procesos implicados es:**

   a. Síncrona y asíncrona.
   b. ***Unicast* y *multicast.***
   c. Todas las opciones son incorrectas.

2. **A los hilos o *threads* también se les llama...**

   a. ... procesos de ejecución y contextos ligeros.
   b. **... procesos ligeros y contextos de ejecución.**
   c. ... procesos asíncronos y *multicast.*
   d. Todas las opciones son incorrectas.

3. **De las siguientes afirmaciones, indique cuál es verdadera o falsa.**

   a. Java proporciona el sistema necesario para la programación multihílo a través de su propia máquina virtual.

      ☑ **Verdadero**
      ☐ Falso

   b. Java implementa un hilo principal y cuando se cierra se crean el resto de hilos a continuación.

      ☐ Verdadero
      ☑ **Falso**

   c. Como recomendación, las clases no deben extenderse si no se van a ampliar o modificar.

      ☑ **Verdadero**
      ☐ Falso

d. Los niveles de prioridad varían de 0 a 10, siendo 10 el mayor. Por defecto, la prioridad es 0.

☐ Verdadero
☑ **Falso**

4. Complete la siguiente frase.

El mecanismo de Java para implementar un sistema multihílos está basado en la clase *Thread*, además de la palabra reservada *Synchronized*.

5. Si un *thread* intenta acceder a un bloque marcado como sincronizado, debe consultar que no exista...

a. ... otro *thread*.
b. ... un *lock* procedente de otro *thread*.
c. ... una suspensión del bloque.
d. Todas las opciones son correctas.

6. El método para crear un hilo hijo en Java es:

a. A través de la interfaz *Runnable*.
b. Heredando a partir del *Thread*.
c. Ambas son posibles, pero la opción a. es más correcta.
d. Todas las opciones son incorrectas.

7. Para ver si los hilos se están ejecutando o ya han concluido, Java proporciona dos métodos:

a. isAlive() y Serialize().
b. Thread() y join().
c. isAlive() y join().
d. Todas las opciones son incorrectas.

8. **¿Mediante qué se lleva el control de prioridades y el modo de conocer la prioridad de los hilos?**

   setPriority() y getPriority().

9. **Complete la siguiente frase.**

   El monitor es un objeto que funciona a modo de **cerrojo** de **exclusión mutua**; esto es, garantizar que solo un *thread* pueda apoderarse de un recurso en un instante determinado. La forma de realizar esta sincronización es mediante la sentencia *synchronized*.

10. **Para establecer comunicaciones entre hilos, se usan los siguientes métodos de la clase Object...**

    a. ... **wait() y notify().**
    b. ... notify() y notifyAll().
    c. ... wait(), notify() y notifyAll().
    d. Todas las opciones son incorrectas.

11. **Relacione los siguientes elementos.**

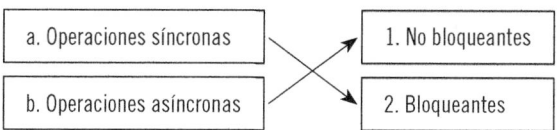

12. **¿Qué es un bloqueo indefinido?**

    Un bloqueo que sucede cuando un *thread* incurre en un proceso sin fin y bloquea indefinidamente un recurso.

13. **¿Cómo se denomina la posibilidad de que varios procesos se ejecuten simultáneamente?**

    Concurrencia.

14. ¿A qué tipo de procesos de envío y recepción corresponde la imagen?

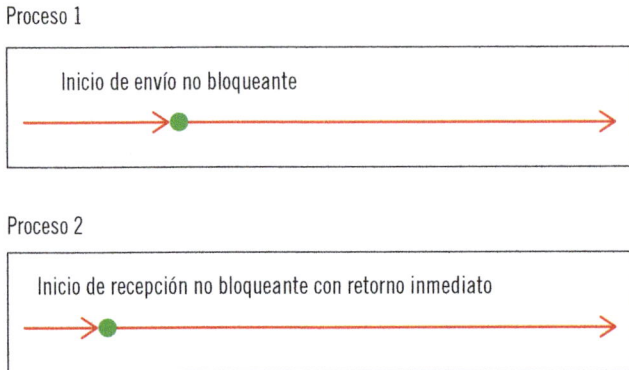

Proceso 1

Inicio de envío no bloqueante

Proceso 2

Inicio de recepción no bloqueante con retorno inmediato

A los procesos de envío y recepción asíncronos.

15. ¿A qué tipo de procesos de envío y recepción corresponde la imagen?

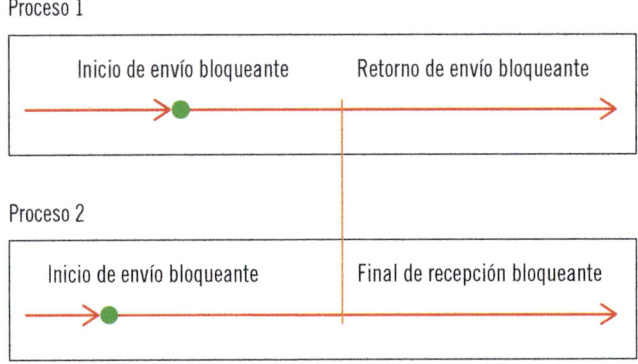

Proceso 1

Inicio de envío bloqueante   Retorno de envío bloqueante

Proceso 2

Inicio de envío bloqueante   Final de recepción bloqueante

A los procesos de envío y recepción síncronos.

Solucionario Bloque 2 Capítulo 2

1. **¿Cuál es el nombre de la herramienta para implementar las llamadas a procedimientos remotos como locales?**

   rpcgen.

2. **¿Qué es un *struct?***

   a. La estructura base de mensajes.
   b. El formato estructurado para llamar a un procedimiento local.
   c. **Un tipo de valor que encapsula variables relacionadas.**
   d. Todas las opciones son incorrectas.

3. **De las siguientes afirmaciones, indique cuál es verdadera o falsa.**

   a. Mediante rpcgen se definen prototipos de funciones para su posterior publicación.

   ☑ **Verdadero**
   ☐ Falso

   b. El paso de mensajes es un modelo avanzado de comunicación entre procesos.

   ☐ Verdadero
   ☑ **Falso**

   c. Un mashup es un tipo de aplicación que integra contenido diverso procedente de diferentes fuentes.

   ☑ **Verdadero**
   ☐ Falso

4. **El componente que se encarga de empaquetar los argumentos de una función para enviarlo a otro componente del miso tipo, donde se desempaqueta y transforma en una llamada a procedimiento local, es:**

    a. Proxy.
    b. Stub.
    c. Rest.
    d. Las opciones a y b son correctas.

5. **Ordene los pasos de una llamada a procedimiento remoto:**

    6. El proxy A recibe la información, la desempaqueta y envía el resultado al proceso A.
    2. El proxy A empaqueta los datos y realiza una llamada al proxy del nodo B.
    5. El proxy B empaqueta los datos y realiza una llamada al proxy A.
    3. El proxy B recibe los datos empaquetados, los desempaqueta y realiza una llamada local al proceso B.
    1. El proceso A, desde el nodo A, realiza una llamada al proceso B, que está situado en el nodo B.
    4. El proceso B ejecuta el código y devuelve el resultado al proxy B.

6. **El sistema de mensajes MOM propone un sistema de envíos...**

    a. ... síncrono.
    b. ... asíncrono.
    c. ... sin bloqueos.
    d. Las opciones b y c son correctas.

7. **Cite los tres elementos que propone Java Message Service:**

Objetos administrados, mensaje y cliente JMS.

8. **Complete la siguiente frase.**

Cuando una petición REST realizada desde el cliente hacia el servidor es independiente de las siguientes peticiones, se habla de una técnica arquitectónica sin estados o *stateless.*

9. **Relacione los siguientes elementos.**

    a. Request.
    b. Response.

    a. Resultado devuelto por el servidor.
    b. Envío de la solicitud de información.

10. **La compilación final de un RPC que genera los archivos definitivos para el servidor y para el cliente es:**

    a. rpcgen –a programa.x.
    b. make –a mkefile.programa.
    c. make –f programa.
    d. **Todas las opciones son incorrectas.**

11. **El archivo al que hay que añadirle manualmente las funciones necesarias para un sistema RPC es:**

    a. **archivo.server.c.**
    b. archivo.cliente.c.
    c. archivo.server.h.
    d. achivo.h.

12. **¿Qué significan las siglas REST y SOAP?**

Representational State Transfer.

Simple Object Access Protocol.

13. **JNDI son las iniciales de...**

    a. ... Java Naming and Directory Index.
    b. ... **Java Naming and Directory Interface.**
    c. ... Java Name and Directory Index.
    d. Todas las opciones son incorrectas.

14. **Relacione los siguientes elementos sobre las anotaciones de la API REST de Java:**

    a. @PUT.
    b. @Context.
    c. @Produces.
    d. @Consumes.
    e. @Path.

    e. Ruta de acceso relativa.
    a. Reemplazar un recurso.
    d. Tipo MIME requerido.
    b. Devuelve el contexto de un objeto.
    c. Tipo MIME devuelto.

15. **Complete la siguiente frase.**

Java propone sus estándares REST a través de la API **JAX-RS (Java API for REST web Services)** y se sirve de **anotaciones** como apoyo al desarrollo de **clientes** y puntos finales de **web services.**

Solucionario 7

Despliegue y puesta en funcionamiento de componentes *software*

Solucionario Capítulo 1

1. **De las siguientes frases, indique cuál es verdadera o falsa.**

   a. Los servicios de un componente pueden ser de tres tipos: requeridos, proporcionados y eventos.

      ☐ Verdadero
      ☑ **Falso**

   b. El puerto es una representación del servicio de un componente.

      ☑ **Verdadero**
      ☐ Falso

   c. Los servicios requeridos son aquellos proporcionados por un componente.

      ☐ Verdadero
      ☑ **Falso**

   d. El repositorio es siempre requerido en cualquier modelo de despliegue de componentes.

      ☐ Verdadero
      ☑ **Falso**

2. **Complete los espacios libres de la siguiente oración.**

   En la fase de **ejecución** los componentes son **instanciados** y ejecutados dentro del **sistema**.

3. **¿Son lo mismo el lenguaje de definición y el lenguaje de implantación, aplicados ambos a componentes?**

   a. **Bajo algunas circunstancias sí, pueden coincidir.**
   b. No, siempre son diferentes.
   c. Sí, son el mismo lenguaje.
   d. Los componentes no requieren de lenguaje de implementación.

4. Un componente...

    a. ... requiere de una interfaz bien definida.
    b. ... puede ser desplegado independientemente.
    c. ... está sujeto a composición por parte de terceros.
    d. Todas las opciones son correctas.

5. Las fases del ciclo de vida de los componentes son:

    a. Diseño, despliegue, instanciación y ejecución.
    b. Diseño, despliegue y ejecución.
    c. Planificación, diseño, despliegue, instanciación y ejecución.
    d. Diseño, instanciación y ejecución.

6. UML 2.0 es un ejemplo válido de...

    a. ... diseño con repositorio.
    b. ... diseño sin repositorio.
    c. ... despliegue con repositorio.
    d. ... despliegue sin repositorio.

7. ¿Cuál de las siguientes tecnologías está asociada al diseño con repositorio solo para el depósito de componentes?

    a. .NET.
    b. KOALA.
    c. JavaBeans.
    d. Todas las opciones son correctas.

8. EJB son las siglas de...

    a. ... Extended Java Beans.
    b. ... Executable Java Beans.
    c. ... Enterprise Java Beans.
    d. ... Entity Java Beans.

9. Un EJB...

    a. ... **requiere de dos interfaces, "home" y remota.**
    b. ... necesita de un contenedor CCM.
    c. ... pueden ser de entidad, de sistema y de evento.
    d. Todas las opciones son correctas.

10. ¿Cuál es un lenguaje de .NET?

    a. Java.
    b. CLR.
    c. **C#.**
    d. Todas las opciones son correctas.

11. Un componente .NET consta de...

    a. ... **metadato y código IL.**
    b. ... código CLR.
    c. ... código dependiente de la máquina.
    d. Todas las opciones son correctas.

12. ¿Cuáles son puertos de un componente CCM?

    a. Sumideros.
    b. Receptáculos.
    c. Consumidores.
    d. **Las opciones a y b son correctas.**

13. JavaBeans...

    a. ... es un modelo de despliegue sin repositorio.
    b. ... **es una clase escrita en Java.**
    c. ... se deposita en el ToolBox del SDK (Standard Development Kit).
    d. Todas las opciones son correctas.

14. Es un conector de Koala...

    a. ... el sumidero.
    b. ... el conector "event".
    c. ... el conector "glue code".
    d. Todas las opciones son correctas.

15. De las siguientes frases, indique cuál es verdadera o falsa.

    a. Koala está muy enfocado a la electrónica de consumo.

        ☑ **Verdadero**
        ☐ Falso

    b. En JavaBeans hay que crear manualmente una clase adaptadora de eventos.

        ☐ Verdadero
        ☑ **Falso**

    c. Un servicio web puede escribirse en varios lenguajes de programación.

        ☑ **Verdadero**
        ☐ Falso

    d. La fase de ejecución permite siempre composición de componentes.

        ☐ Verdadero
        ☑ **Falso**

Solucionario Capítulo 2

1. ¿Qué significan las siglas CBD?

    a. Component Boxed Development.
    b. Component Based Development.
    c. Common Based Development.
    d. Component Based Directive.

2. MOTS significa...

    a. ... Modifiable Off-The-Shelf.
    b. ... Military Off-The-Shelf.
    c. ... Module Off-The-Shelf.
    d. Las opciones a y b son correctas.

3. Los componentes "open-source"...

    a. ... pueden ser libremente modificados.
    b. ... pueden ser libremente distribuidos.
    c. ... encajan con la definición propuesta por la OSI.
    d. Todas las opciones son correctas.

4. Complete los espacios libres de la siguiente definición:

Una plantilla es una unidad de código **genérica** que se usa como **base** para otras unidades de código. Dependiendo del lenguaje, puede hacer uso de la palabra reservada **template**.

5. De las siguientes frases, indique cuál es verdadera o falsa respecto a la interacción entre *plug-ins:*

    a. Un *plug-in* puede interactuar con más de un *plug-in* al mismo tiempo.

        ☑ **Verdadero**
        ☐ Falso

b. El número de *plug-ins* que pueden interactuar viene determinado por la cantidad especificada en el "punto de ampliación".

☐ Verdadero
☑ **Falso**

c. Existen varios tipos de *plug-ins*.

☑ **Verdadero**
☐ Falso

d. Los *plug-ins* son elementos obligatorios en un componente.

☐ Verdadero
☑ **Falso**

6. La concurrencia está relacionada...

a. ... con el número de operaciones simultáneas en ejecución.
b. ... con el número de sistemas que hacen uso de un mismo componente, estando compartido este por todos ellos.
c. ... con el número de *plug-ins* que están integrados en un sistema.
d. Todas las opciones son correctas.

7. La auditabilidad...

a. ... es la capacidad que tiene un componente de ser usado para realizar auditorías sobre otro.
b. ... no es un criterio de selección.
c. ... es la capacidad del componente de proporcionar mecanismos de seguimiento con vistas a posibles auditorías.
d. ... es la capacidad del componente de presentar su código fuente al usuario final.

8. La seguridad...

a. ... es importante, con el fin de evitar acciones maliciosas sobre el sistema.
b. ... es importante, con el fin de evitar pérdidas de información del sistema.
c. ... es importante, pues consiste en evitar que una situación comprometida en un componente afecte al resto del sistema.
d. Todas las opciones son correctas.

9. El rendimiento...

a. ... se puede medir, por ejemplo, en términos de "latencia" y de "caudal".
b. ... se puede medir, por ejemplo, en términos de "velocidad" y "parametrización".
c. ... se puede medir, por ejemplo, en términos de "concurrencia" y "estandarización".
d. Todas las opciones son correctas.

10. El consumo de recursos...

a. ... está relacionado con el rendimiento.
b. ... está relacionado con la escalabilidad.
c. ... en el caso de un sistema viene determinado por todos los componentes que forman parte del mismo.
d. Todas las opciones son correctas.

11. Complete los espacios libres de la siguiente definición:

El código glue es un código que une **componentes,** tanto para facilitar el intercambio de **información** como para encajarlo dentro del **sistema.**

12. De las siguientes frases, indique cuál es verdadera o falsa.

a. La configuración del componente se puede llevar a cabo de manera estática.

☑ **Verdadero**
☐ Falso

b. La configuración del componente se puede llevar a cabo de manera dinámica.

    ☑ **Verdadero**
    ☐ Falso

c. La configuración del componente se puede llevar a cabo de manera condicional.

    ☐ Verdadero
    ☑ **Falso**

d. Los componentes no pueden ser configurados por el usuario final.

    ☐ Verdadero
    ☑ **Falso**

13. La actualización de componentes...

a. ... se puede realizar sin problemas porque no afecta al conjunto del sistema.
b. **... hay que realizarla de manera controlada porque puede afectar a la relación del componente actualizado con el resto de componentes.**
c. ... no se puede realizar individualmente. Todos los componentes tienen que ser actualizados al mismo tiempo.
d. .... requiere una actualización de todos los componentes relacionados con el componente que, originalmente, se pretende actualizar.

14. Las siglas CAP equivalen a...

a. ... Component Acquisition Process.
b. **... COTS Acquisition Process.**
c. ... Component Assembly Process.
d. Las opciones a y b son correctas.

15. Complete los espacios libres de la siguiente definición:

Los Casos de Uso son un **diagrama** de UML que constan de un diagrama y una **descripción/especificación** que reflejan la interacción entre el **sistema** y los usuarios/actores.

 Solucionario Capítulo 3

1. ¿El ISO/IEC 9126 de cuántos bloques consta?

   a. Modelo de calidad, de métricas externas, de métricas internas y de métricas de calidad de uso.

   b. Modelo de calidad, de métricas de características, de métricas de sub-características y de calidad de uso.

   c. Modelo de calidad, de métricas de nivel uno, de métricas de nivel dos, y de categorización.

   d. Modelo de calidad, de métricas de características, de métricas de sub-características y de cualificación de la calidad.

2. Respecto al estándar ISO/IEC 25000...

   a. ... está compuesto por cinco bloques.

   b. ... es anterior al ISO/IEC 9126.

   c. ... está centrado exclusivamente en componentes software.

   d. Todas las opciones son correctas.

3. De las siguientes afirmaciones respecto al *framework* de certificación de componentes de Alexandre Álvaro, indique cuál es verdadera o falsa.

   a. El propósito del modelo de calidad es determinar qué características deben ser consideras y qué subcaracterísticas son necesarias.

      ☑ **Verdadero**
      ☐ Falso

   b. El *framework* de técnicas de certificación es una serie de librerías *software* que evalúan las características de calidad de manera automática.

      ☐ Verdadero
      ☑ **Falso**

    c. El *framework* de métricas es una serie de librerías *software* que miden las características y características de manera automática.

        ☐ Verdadero
        ☑ **Falso**

    d. El proceso de certificación proporciona un conjunto de técnicas y modelos para evaluar y certificar componentes.

        ☑ **Verdadero**
        ☐ Falso

4. **Complete los espacios libres de la siguiente oración.**

El estándar ISO/IEC **25000** es la evolución natural del ISO/IEC **9126**. Está compuesto por **cinco** grandes divisiones o bloques.

5. **Indique si las siguientes afirmaciones respecto a características y subcaracterísticas en el *framework* de Alexandre Álvaro son verdades o falsas.**

    a. Autosuficiente es una subcaracterística de funcionalidad.

        ☑ **Verdadero**
        ☐ Falso

    b. Facilidad de despliegue es una subcaracterística de portabilidad.

        ☑ **Verdadero**
        ☐ Falso

    c. Reusabilidad es una subcaracterística de portabilidad.

        ☑ **Verdadero**
        ☐ Falso

    d. Escalabilidad es una subcaracterística de configurabilidad.

        ☐ Verdadero
        ☑ **Falso**

6. ¿De qué tipos pueden ser las métricas?

    a. Escala.
    b. Rango.
    c. Ratio.
    d. Todas las opciones son correctas.

7. Indique si las siguientes definiciones de subcaracterísticas en el *framework* de Alexandre Álvaro son verdades o falsas.

    a. La subcaracterística "batería de pruebas proporcionadas" indica si el componente incluye pruebas para comprobar su funcionalidad.

        ☑ **Verdadero**
        ☐ Falso

    b. La subcaracterística "interfaces proporcionadas" indica el número de interfaces que requiere el componente (de otros componentes) para poder realizar sus funciones.

        ☐ Verdadero
        ☑ **Falso**

    c. La subcaracterística "pruebas formales" indica si el componente ha sido probado de todas las maneras posibles en diferentes plataformas.

        ☐ Verdadero
        ☑ **Falso**

    d. La subcaracterística "nivel de código transversal" indica el número de referencias que hay entre dos archivos de código del mismo componente.

        ☐ Verdadero
        ☑ **Falso**

8. Las pruebas de integración buscan, entre otras cosas...

    a. ... errores de programación entre componentes.
    b. ... errores de interoperabilidad.

    c. ... los errores de programación dentro del componente.

    d. Las opciones a y b son correctas.

9. Las aproximaciones de una prueba de integración son:

    a. Big Ben Approach.

    b. Incremental ascendente e incremental descendente.

    c. Decremental ascendente y decremental descendente.

    d. Todas las opciones son correctas.

10. Forman parte de las pruebas de aspectos no funcionales...

    a. ... las pruebas de rendimiento, las pruebas de seguridad y las pruebas de integración.

    b. ... las pruebas de caja blanca y de caja negra.

    c. ... las pruebas de rendimiento, seguridad, de regresión y de aceptación.

    d. Las opciones a y b son correctas.

11. Las pruebas de partición...

    a. ... usan clases de equivalencia que representan un conjunto de estados que puede recibir el *software*.

    b. ... son de tipo caja blanca.

    c. ... desglosan el componente en elementos más pequeños.

    d. Todas las opciones son correctas.

12. Las pruebas de caja blanca...

    a. ... son un tipo especial de prueba de caja negra.

    b. ... destapan únicamente errores de interoperabilidad.

    c. ... requieren de conocimiento del funcionamiento interno del componente.

    d. Se ejecutan posteriormente a las de caja negra.

13. El manual de reutilización...

a. **... es una aproximación a la documentación de componentes.**
b. ... es un manual de obligada preparación durante el desarrollo de componentes.
c. ... describe, únicamente, el proceso de desarrollo del *software*.
d. Todas las opciones son correctas.

14. Complete los espacios libres de la siguiente oración.

El lenguaje OCL es un lenguaje **formal** para la **especificación** del comportamiento **funcional** de un componente *software*.

15. El descriptor de un componente *software*, por lo general...

a. **... es un documento XML.**
b. ... contiene el código fuente del componente.
c. ... debe estar escrito en OCL.
d. Todas las opciones son correctas.